Produser resultater!
– bok 2

Fremragende Lean-strukturer
for kontroll og kontinuerlig forbedring.

Dr.ing. Sven H. Danielsen

DEDIKASJON

Til mine døtre Andrea og Ina.

De viktigste verdiene passer ikke inn i et regneark.

Innhold

I takknemlighet

Denne boken hadde ikke eksistert om jeg ikke hadde hatt muligheten til å diskutere og reflektere med engasjerte ledere som praktiserer Lean i sine virksomheter. Jeg vil særlig rette en stor takk til Roy Andre Magnussen, fabrikksjef i Oso, for muligheten til å få innsyn i deres Lean-strukturer, maler og verktøy. Jeg vil også rette en stor takk til Rune Økland Eliassen, Lean-manageren for Supply Chain i Ringnes. Det er Rune som har løftet min forståelse av betydningen av kontinuerlige forbedringer. Uten ham hadde kapittel 7 sett helt annerledes ut.

Hvorfor bør du lese denne boken?

Å være en fremragende leder betyr at dine medarbeidere og dine overordnede er svært fornøyde med det du gjør, og det du oppnår. Kunnskapen om hva som skal til for å bli fremragende, er neppe medfødt. Denne boken er til for deg som søker innspill på hva du kan gjøre for å bli en stadig bedre leder. Boken beskriver viktige strukturer (Lean-strukturer) for linjeorganisasjonen. En god implementering og videreutvikling av strukturene vil føre til stadig bedre resultater. Strukturene kan bygges trinnvis med en fart og et omfang som er tilpasset eksisterende kultur, evne og vilje til endring. Om og eventuelt når du velger å fratre din stilling for å søke nye utfordringer, har du bidratt til å bygge en enhet som på en naturlig og kontinuerlig måte kan videreutvikles av din etterfølger. En forutsetning er selvfølgelig at din etterfølger deler din og denne bokens tro på at fremragende strukturer er nødvendig for å oppnå fremragende resultater.

Etter hvert som du leser deg gjennom boken, vil du innse at de foreslåtte strukturene kan implementeres uten formell godkjennelse på høyere nivå i organisasjonen. Du og dine medarbeidere kan derfor starte byggingen på eget initiativ og selv bestemme hastigheten.

Denne boka inngår trilogien *Produser Resultater.* Trilogien beskriver viktige mekanismer for å oppnå fremragende resultater. Bok nummer en (1) beskriver strukturer for å definere, gjennomføre og følge opp forbedringsprosjekter ved hjelp av Lean Six Sigma. Bok nummer to (denne boken) beskriver nødvendige strukturer i linjeorganisasjonen for å sikre kontroll og forbedring. Bok nummer tre (2) beskriver hvordan virksomheten bør gå frem for å utvikle en strategi som deretter implementeres gjennom linje- og prosjektstrukturene beskrevet i de to øvrige bøkene.

Om du søker ytterligere innspill på arbeidet med å skape en fremragende virksomhet, anbefaler jeg bøkene *Good to Great* (3), *Built to Last* (4) og *Great by Choice* (5).

1. Introduksjon

I 1996 fikk jeg for første gang lederansvar. Jeg tok fatt på oppgaven med stor entusiasme. I ettertid er det blitt sørgelig klart for meg at min kompetanse innen ledelse på dette tidspunkt mildt sagt var begrenset. Ingeniørutdanning uten ledelsesfag og ti år med forskning og utvikling i store prosjekter betydde vel, om jeg skal være ærlig, at jeg i den nye lederrollen var forfremmet til mitt inkompetansenivå. Men jeg var lykkelig utvidende om det faktum. Det skulle gå seks år før jeg ved en tilfeldighet oppdaget Six Sigma, og fire år senere Lean. Jeg fikk da innsyn i en verden av kunnskap om operativ ledelse. Selv om oppdagelsen var avslørende og overveldende, traff den meg midt i hjertet. Jeg bestemte meg for å gå inn i denne kunnskapsverden med full styrke og ambisjonen om å jobbe med dette på full tid. Et av spørsmålene som jeg tidlig søkte svar på, var følgende: «Hvilke strukturer bør en avdeling ha for å oppnå fremragende resultater?» Jeg ønsket altså å beskrive viktig kunnskap jeg burde ha hatt som linjeleder. Det viste seg etter hvert at Lean gir utfyllende og gode svar på spørsmålet, men veien til denne innsikten var lang. Når jeg snakket med eksperter og leste faglitteratur, opplevde jeg at beskrivelsene av «hva Lean er», varierte mye fra ekspert til ekspert og fra bok til bok. Denne variasjonen opplevde jeg ikke med Six Sigma. Noen fortalte at Lean handler om kultur, andre snakket om filosofi, om visuell ledelse, om Lean-huset, om sløsing og så videre. Dette forvirret meg. Jeg savnet en hierarkisk og «logisk» beskrivelse av Lean med utgangspunkt i et helhetlig virksomhetsbehov. Etter to–tre år med mye refleksjon og kommunikasjon innså jeg at viktige deler av Lean handler om strukturer for kontroll og forbedring i linjeorganisasjonen. Med dette perspektivet ble det mye lettere å fortelle andre hva Lean handler om. Denne boken gir derfor en introduksjon til følgende viktige Lean-strukturer for linjeorganisasjonen:

1. virksomhetens kjerneverdier og ledelsesprinsipper (kapittel 3)
2. kartlagte prosesser med tilhørende krav og mål (kapittel 4)
3. møtestrukturer for å støtte daglig drift/operasjon (kapittel 5)
4. strukturer for oppnå sikre, rene og velorganiserte arbeidsområder (kapittel 6)
5. strukturer for kontinuerlige forbedringer (kapittel 7)
6. strukturer for forebyggende vedlikehold (kapittel 8)
7. strukturer for medarbeiderutvikling (kapittel 9)
8. ledernes standard arbeid (kapittel 10)

Kapittel 4, 5 og 7 er hovedkapitler. De øvrige er tatt med for helhetens skyld. Beskrivelsene av punkt 1–7 antas å være tilstrekkelig forklarende til at du som leser forstår hva kapitlene inneholder. Det siste punktet handler om formalisering av de standardoppgaver som enhver leder har. Det er i tillegg inkludert fem mindre introduksjonskapitler om egenevaluering (kapittel 11), verdistrømskartlegging (kapittel 12), A3-problemløsning (kapittel 13), strategisk handlingsplan (kapittel 14) og brainwriting (kapittel 15). Førstnevnte er tatt med fordi alle formelle prosesser bør ha egenevaluering og forbedring som en integrert del av designet. Kapitlene om verdistrømskartlegging, A3-problemløsning og strategisk handlingsplan er tatt med fordi de er sentrale i arbeidet med kontinuerlige forbedringer.

Lean-litteraturen beskriver flere andre strukturer som er relevante i arbeidet med design av prosesser. Den interesserte leser finner meget gode bøker om Lean på nettstedet www.lean.org.

Strukturene i denne boken handler mye om standardisering. Det er viktig å huske at nivået på standardiseringen skal tilpasses behovet. Standardisering betyr ikke at strukturene skal «hugges i stein» og eksistere for evig og alltid. Strukturene og håndhevingen av dem skal tilpasses kritikaliteten, endringene i omgivelsene, kompetansen og disiplinen hos lederne og medarbeiderne.

Alle strukturer har mangler, og få er designet for å dekke alle sannsynlige og usannsynlige hendelser. Avhengig av type prosess bør medarbeiderne derfor motiveres til å ta egne, situasjonsbestemte avgjørelser og gripe inn ved hendelser som ikke er beskrevet og/eller faller utenfor deres eget ansvarsområde. Om en medarbeider i slike tilfeller gjør feilvurderinger, bør ledelsesprinsippet at «det er lov å feile, men læring forventes», ligge til grunn for virksomhetens reaksjon.

Plass til notater:

2. Om Lean og Lean Six Sigma

Øverste leders perspektiv på Lean og Lean Six Sigma (L6S) er at de beskriver viktige mekanismer for operativ kontroll og intern forretningsutvikling. Medarbeiderens perspektiv er at det handler om verktøy, metoder, roller og ansvar for å sikre kontroll og fjerne små og store bidrag til den totale sløsingen i virksomheten.

Lean er opprinnelig basert på Toyotas produksjonssystem (6), et system for å sikre kontroll med og kontinuerlig forbedring av arbeids- og produksjonsprosesser. Ordet *Lean* ble introdusert av John F. Krafcik i hans artikkel *Triumph of the Lean Production System* (7) i 1998.

I tillegg til de operative, produksjonsnære strukturene gir Lean verdifulle innspill på måten virksomheten bør utvikle og implementere sin strategi på. Denne komponenten kalles ofte Hoshin Kanri (6). Lean er i de senere år blitt utvidet slik at det kan støtte behovene i prosesser for tjenesteproduksjon og produktutvikling (8).

Lean inkluderer ikke en prosjektmetode med verktøy og roller for å fjerne de store bidragene til den totale sløsingen. L6S med problemløsningsmetoden DMAIC dekker dette behovet. «Six Sigma» (6S) betyr «seks ganger standard avvik» og kan betraktes som et ytelsesmål for produkter og prosesser. 6S ble opprinnelig utviklet av Motorola og lansert i midten av 1980-årene. Etter hvert som Lean har bredt om seg, er 6S blitt utvidet til å inkludere viktige Lean-verktøy. Resultatet kalles Lean Six Sigma. L6S beskriver roller og ansvar i arbeidet med intern forretningsutvikling. Én viktig rolle er Lean-manageren, som har overordnet ansvar for design av strukturene for operativ kontroll og intern forretningsutvikling. En annen er Lean-koordinatorene (også kalt Black Belts) med ansvar for å støtte virksomheten i arbeidet med å implementere strukturene. Prosjektstyringsgruppen er en tredje viktig rolle; den har ansvar for porteføljestyring (2). Bøkene (1), (9) og (10) beskriver L6S i mye større detalj.

Plass til notater:

Sven H. Danielsen

Plass til notater:

3. Kjerneverdier og ledelsesprinsipper

Det er lederne og medarbeiderne som utvikler, utfører og forbedrer strukturene beskrevet i denne boken. De er derfor virksomhetens viktigste ressurs, en ressurs som består av personer med ulik «naturlig» adferd og holdninger. En Lean-virksomhet er seg bevisst at slike variasjoner finnes, og definerer derfor retningslinjer for ønsket adferd og beslutningene som fattes. Kjerneverdier og ledelsesprinsipper slik de er presentert under, står sentralt i disse retningslinjene.

Kjerneverdiene er egenskaper som virksomheten mener er viktige for at den skal kunne nå sitt mål (misjon). De forteller hvordan virksomheten og dens medarbeidere ønsker å bli oppfattet. De utgjør altså en avgrensning, en ramme, og åpner ikke for full frihet. Kjerneverdiene gir også retningslinjer for hvem virksomheten ønsker å rekruttere, og hvem den ønsker som kunder, leverandører og samarbeidspartnere. Kjerneverdiene skal bestå selv om alt innenfor og utenfor virksomheten er i endring.

Kjerneverdiene er ofte angitt som tre–fem ord som hver gis en tilhørende forklaring. Eksempler på kjerneverdier er ambisiøs, pålitelig, åpen, rettferdig, nytenkende, ærlig, undersøkende, utfordrende, utviklende, kreativ, respektfull og omtenksom.

Ledelsesprinsippene bygger videre på kjerneverdiene og gir retningslinjer for ledernes adferd i samspillet med medarbeiderne. Eksempler på ledelsesprinsipper er:

1. Gå foran som et godt eksempel («walk the talk»).
2. Vis tillit – gi medarbeiderne ansvar og myndighet.
3. Vær støttende, og led gjennom spørsmål.
4. Følg opp på arbeidet som gjøres (prosessen), og ikke bare resultatet.
5. Vær synlig. Gå ut i prosessene der arbeidet gjøres – ikke sitt på kontoret.
6. Tillat feil, men forvent læring.
7. Håndter problemer som diamanter – skap trygghet, slik at de vises frem.
8. Ta tak i problemer – de forsvinner sjelden av seg selv.
9. Gjør det enkelt.
10. Gjør det som er viktig, visuelt.
11. Gjør forbedring, utvikling og innovasjon til alles ansvar og oppgave.
12. Bruk fakta fremfor antakelser.

Den enkelte virksomhet må definere sine egne kjerneverdier, ledelsesprinsipper og strukturer for å holde dem levende.

Mer om kjerneverdier og viktigheten av disse finnes i Jim Collins' og Jerry I. Porras' bok *Built to Last* (4). Ingebrigt Steen Jensen gir motiverende og inspirerende innspill i boken *Ona fyr* (11). Pascal Dennis skriver om ledelsesprinsipper i boken *Getting the Right Things Done* (12). I sistnevnte bok kalles ledelsesprinsippene for «mentale modeller».

Sven H. Danielsen

Plass til notater:

4. Kartlagte prosesser og krav

En forutsetning for å ha kontroll og få til målrettet forbedring er at avdelingene har kartlagt sine interessenter, sine prosesser og tilhørende behov, krav og forventninger. Avdelingslederen skal derfor sammen med sine medarbeidere finne ut av følgende:

1. Hvilke eksterne interessenter har vi en viktig relasjon til?
2. Hvilke av interessentene er vi til for (kundene)?
3. Hva leverer vi til dem vi er til for?
4. Hvilke prosesser har vi for å kunne levere?
5. Hvem leverer hva til våre prosesser?
6. Hvilke behov og krav har kundene til oss, våre leveranser og samarbeidet?
7. Hvilke behov og krav har vi til leverandørene, deres leveranser og samarbeidet?
8. Hvilke behov og krav har vi overfor andre interessenter som påvirker vår ytelse?
9. Hvilke behov og krav har andre interessenter som påvirkes av våre prosesser?

Dette kapitlet introduserer teori og støttende verktøy for arbeidet med å svare på disse spørsmålene.

Begrepet *interessent* omfatter «alt og alle» som avdelingen har en relasjon til. Eksempler er interne kunder, eksterne kunder, leverandører, konkurrenter, myndigheter, styringsgrupper, ledergruppen, fagforeninger, andre avdelingsledere, produktansvarlige, prosjektledere, verdistrømsansvarlige, prosesseiere, møtestrukturer og systemer.

En kan bruke brainwriting (kapittel 15) for å identifisere interessentene, og et kontekstdiagram kan visualisere resultatet. Figur 1 viser et eksempel på et kontekstdiagram for en utviklingsavdeling.

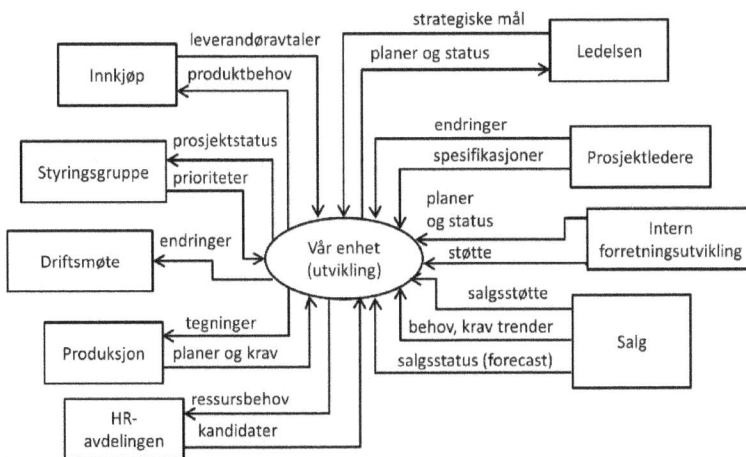

Figur 1. Kontekstdiagram for en utviklingsavdeling.

Sirkelen i sentrum av diagrammet representerer avdelingen. Boksene rundt sirkelen representerer de ulike eksterne interessentene. Pilene representerer og beskriver relasjonen mellom avdelingen og interessentene. Selv om det ikke er tatt med i figuren, kan avdelingen ha en viktig relasjon til et ERP-system og til prosesser for installasjon og vedlikehold som ligger flere trinn senere i verdistrømmen (kapittel 12).

Med utgangspunkt i kontekstdiagrammet benytter en prosesskartleggingsverktøyet LIPOK for å visualisere og dokumentere svarene på spørsmål 2–5 (over). Prosesskartet viser informasjon om leverandører, input, prosessens aktiviteter, output og kundene. Med tanke på gjenbruk bør prosessene dokumenteres på standardiserte maler i et brukervennlig kvalitetssystem.

Det er kundene i LIPOK-en som har krav, ønsker og forventninger til prosessen og dens leveranser. Prosessen kan ha én eller flere outputer. Hver output skal gå til én eller flere kunder. Tilsvarende gjelder for prosessens input. Eksempler på input og output er fysiske produkter, tjenester, informasjon, kunnskap, beslutninger, ressurser, rutiner, prosedyrer, metoder, rammevilkår, lovverk, kjerneverdier, ledelsesprinsipper, HMS-krav, hygienekrav og brannforskrifter. En kunde kan også være en leverandør i samme LIPOK.

Når en skal forklare hva LIPOK er, kan det være hensiktsmessig å ta utgangspunkt i en enkel prosess som alle kjenner til. Figur 2 viser en slik prosess. En familiefar har ansvaret for prosessen *forberede og levere egg*. Prosessens output er kokte egg og vrak. Egg som ikke spises, regnes i denne sammenheng som vrak. Barna og familiemoren er prosessens kunder. Familiemoren er også familiens økonomiansvarlige og dermed en viktig interessent/kunde. Aktivitetene beskriver hva faren gjør fra bestilling mottas (prosess-start), til eggene er servert og klare til å spises (prosess-stopp). For at prosessen skal kunne gjennomføres, kreves det følgende input: en bestilling, en prosedyre, egg, vann, kjele og nål. Moren og barna leverer bestillingene til faren. Moren er ansvarlig innkjøper og leverer også eggene. Faren har selv laget prosedyren og sørger for de øvrige innsatsfaktorene. Komfyren er fast infrastruktur i prosessen og derfor ikke tatt med som input. Ytterligere detaljer om LIPOK og bruken av verktøyet finnes i (1).

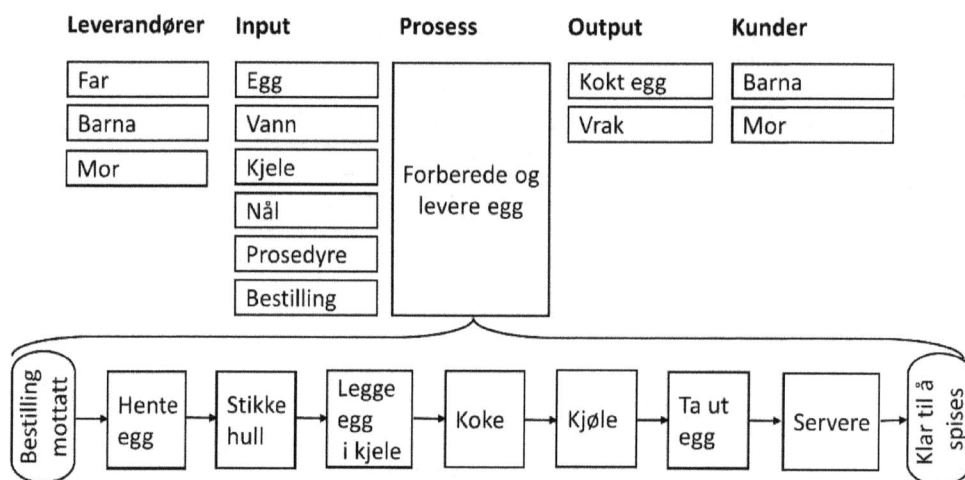

Figur 2. Eksempel på LIPOK.

Med utgangspunkt i kontekstdiagrammet og LIPOK-beskrivelsene skal avdelingen svare på spørsmål 6–9 (over). Når dette gjøres, bør en samtidig identifisere eventuelle innbyrdes relasjoner mellom interessentene. Kanskje er det interessekonflikter? Kanskje har avdelingen en kunde som også er en annen kundes kunde? Kanskje konkurrerer kundene om kapasitet og prioritet i avdelingens prosesser?

Kravtreet (Figur 3) er et verktøy en kan benytte for å konkretisere, strukturere og visualisere behov, forventninger og krav. I litteraturen kalles kravtreet også for «Critical to Quality Tree» (1). Det bør lages et kravtre for hver prioritert interessent.

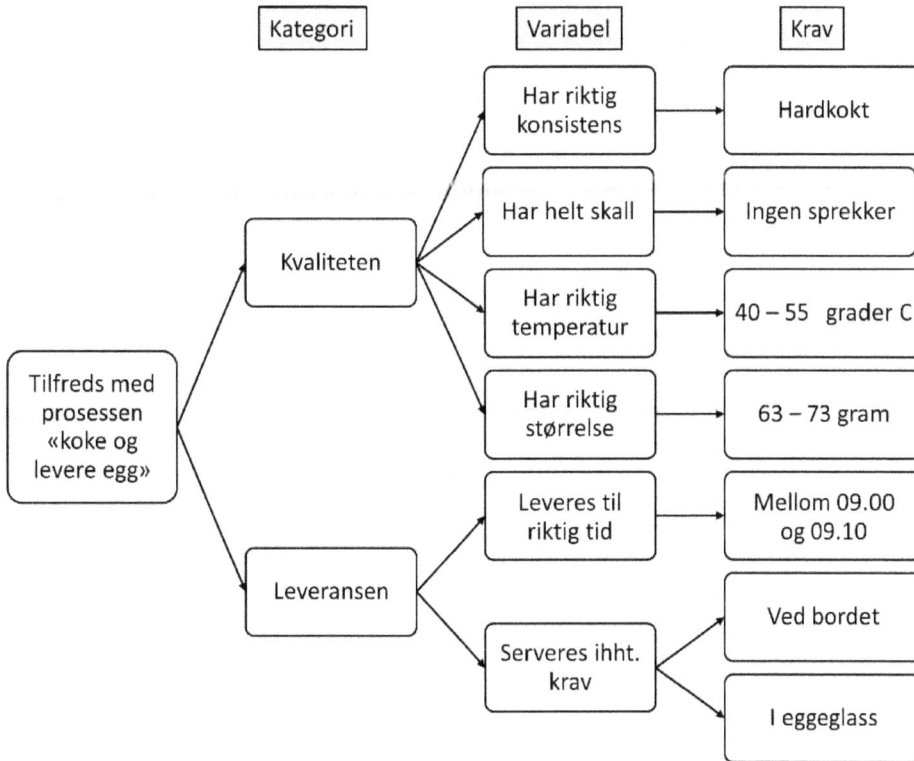

Figur 3. Kravtre for prosessen *forberede og levere egg*.

Et kravtre leses fra venstre mot høyre. Lengst til venstre står «konsekvensen», det vil si at «interessenten er tilfreds». Lengst til høyre står de konkrete kravene og forventningene som forklarer/driver kundetilfredsheten. Figur 3 kan dermed leses slik: «Barna er fornøyd med prosessen når de er fornøyd med kvaliteten og leveransen. Barna er fornøyd med leveransen når egget leveres til riktig tid og serveres i henhold til krav. Egget leveres på riktig tid når det serveres mellom kl. 09.00 og 09.10. Egget serveres i henhold til krav når det serveres ved bordet i eggeglass.» Den delen av treet som konkretiserer kvaliteten, kan leses på tilsvarende måte. Kravene/forventningene lengst til høyre skal være objektive og helst målbare.

For at en skal få et best mulig kravtre, bør representanter for avdelingen besøke viktige interessenter og deres prosesser. Hensikten er å bygge egen forståelse av det helhetlige

11

behovet, kravene og forventningene. Med denne innsikten kan avdelingen oppdage nye muligheter som interessenten selv ikke forteller om (bevisst eller ubevisst).

Avhengig av type interessent bør representantene undersøke følgende:

- Kan avdelingen levere annerledes eller mer til fordel (merverdi) for kunden?

- Kan avdelingen levere på en annen måte eller med en annen spesifikasjon som reduserer avdelingens kostnader uten å ha negativ påvirkning på kundens tilfredshet?

- Kan leverandøren levere på en annen måte eller levere mer til fordel for avdelingen?

- Kan interessenten bidra med kompetanse og/eller informasjon som kan påvirke avdelingens ytelse positivt, og i så fall hva slags kompetanse, hva slags informasjon, hvordan og til hvilket tidspunkt?

- Kan avdelingen bidra med kompetanse og/eller informasjon som kan påvirke interessentens ytelse positivt, og i så fall hva slags kompetanse, hva slags informasjon, hvordan og til hvilket tidspunkt?

De to siste punktene er meget aktuelle i lange verdikjeder der proaktiv kommunikasjon og samarbeid er nødvendig for å innfri ende-til-ende-krav til ytelsen.

Når spørsmål 6–9 er besvart, skal de samlede behov og krav systematiseres og prioriteres. Prioriterte krav til avdelingens ytelse skal om mulig defineres som variabler med tilhørende mål. I denne boken kalles disse variablene for nøkkelvariabler. Flere av avdelingens nøkkelvariabler er viktige drivere for virksomhetens strategiske variabler. Nøkkelvariabler som skal forbedres, inkluderes i avdelingens strategiske handlingsplan (kapittel 14). Nøkkelvariablene er ofte knyttet til kategoriene HMS, kvalitet, leveransepresisjon/servicegrad, effektivitet, produktivitet og kundetilfredshet.

Alle relevante behov og krav skal derfor forstås av medarbeiderne og bør derfor være visualisert der arbeidet utføres i avdelingen.

Avdelingen skal regelmessig (årlig) gå igjennom listen med spørsmål (1–9) og gjøre nødvendige oppdateringer.

Plass til notater:

5. Møtestrukturer

Dette kapitlet gir innspill på fremgangsmåte for å definere en helhetlig møtestruktur som støtter virksomhetens daglige operasjon (drift). Planlegging og aktivitetsstyring kan være aktiviteter i møtestrukturen. Operasjonen (Figur 4) inkluderer alle avdelinger og prosesser som er direkte involvert i arbeidet med å produsere og levere virksomhetens produkter og/eller tjenester. Det er leder for operasjonen som eier møtestrukturen og er ansvarlig for å definere og implementere den. En mulig tilnærming er:

1. Definer hensikten med møtestrukturen.
2. Identifiser interessentene til møtestrukturen.
3. Kartlegg prioriterte interessenters krav til møtestrukturen.
4. Design møtet på øverste nivå (operasjonsmøtet).
5. Design underliggende møter.

Jeg velger å begrense beskrivelsen til resultatene av trinnene over og antar som tidligere en mellomstor virksomhet med avdelingsstruktur. Noen av avdelingene har delt medarbeiderne inn i team.

Hensikten med møtestrukturen (Figur 4) er å støtte operasjonen i dens arbeid med å nå sine mål. Hensikten kan ytterligere presiseres med setninger som forteller om

- behovet for oversikt over uønskede HMS-relaterte hendelser, slik at tiltak kan iverksettes
- behovet for oppdatert status på ressurssituasjonen, slik at tiltak eventuelt kan iverksettes
- behovet for oversikt over mulige faktorer som kan hindre operasjonen i å nå planlagte mål, slik at tiltak kan iverksettes
- behovet for felles (re)planlegging basert på oppdatert status, endringer, hendelser og ny kunnskap siden foregående møte

Med utgangspunkt i hensikten identifiseres interessentene. Brainwriting (kapittel 15) og kontekstdiagrammet (kapittel 4) er nyttige verktøy i den sammenheng. I dette eksemplet er de prioriterte interessentene ledergruppen, avdeling 1, avdeling 2 og avdelinger som direkte støtter operasjonen. Avdeling 1 kan for eksempel være produksjonsavdelingen. Avdeling 2 kan være lageravdelingen. Støtteavdelinger kan for eksempel være IT og verkstedet. Andre viktige interessenter kan være verneombud og prosjektledere for viktige leveranseprosjekter.

Neste steg er å kartlegge interessentenes krav til møtestrukturen. Kravtreet introdusert i kapittel 4 er et nyttig verktøy i dette arbeidet.

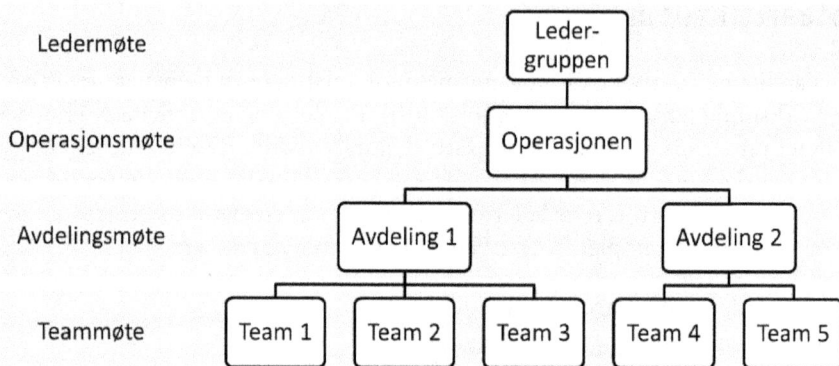

Figur 4. Visualisering av møtestruktur for operasjonen.

Generelle krav til den strukturen (alle møtene) kan for eksempel være følgende:

1. Alle møter skal gjennomføres i tråd med virksomhetens kjerneverdier og ledelsesprinsipper.
2. Operasjonsmøtet, avdelingsmøtene og teammøtene skal gjennomføres daglig.
3. Alle medarbeidere og ledere i operasjonen skal delta på minst ett av møtene.
4. Alle møtereferatene skal være skriftlige på standardiserte maler.
5. Alle møter skal ha en fast agenda, frekvens, varighet og deltakelse. Møtene skal gjennomføres stående i tilknytning til tavlene.
6. Tavlene skal ha innhold som støtter gjennomføringen av de enkelte møtene. Oppbygning og design skal være i tråd med virksomhetens retningslinjer.
7. Informasjon på tavlene skal være oppdatert før møtestart. Endringer av tavleinnhold som følge av møtet skal gjøres under eller straks i etterkant av møtet.
8. Eventuelle uønskede HMS-hendelser siden foregående møte skal kartlegges.
9. Ressurssituasjonen og behovet for ressurser frem til neste møte skal kartlegges.
10. Faktorer som kan få negative konsekvenser for kvalitet, leveransepresisjon, effektivitet og/eller produktivitet i nær fremtid, skal kartlegges.
11. Viktig informasjon fra ledelse skal formidles.
12. Alle skal oppdateres om status for prioriterte kundeleveranser.
13. Alle møter skal regelmessig inkludere egenevaluering og forbedring (kapittel 11).

Spesifikke krav til operasjonsmøtet kan for eksempel være følgende:

1. Avdeling 1, avdeling 2 og støtteavdelingene (IT og verkstedet) skal være representert på operasjonsmøtet.
2. Ledermøtet (mandager kl. 10.30) skal ha en skriftlig oppsummering av viktig innhold og saker til behandling fra foregående ukes operasjonsmøter.
3. Bestillinger av nødvendige oppdrag (IT, verksted, bemanning) skal gjøres i tråd med bestillingsrutiner.

Basert på kravene designes operasjonsmøtet med en oppsummerende LIPOK-beskrivelse som viktig resultat. Figur 5 viser et eksempel.

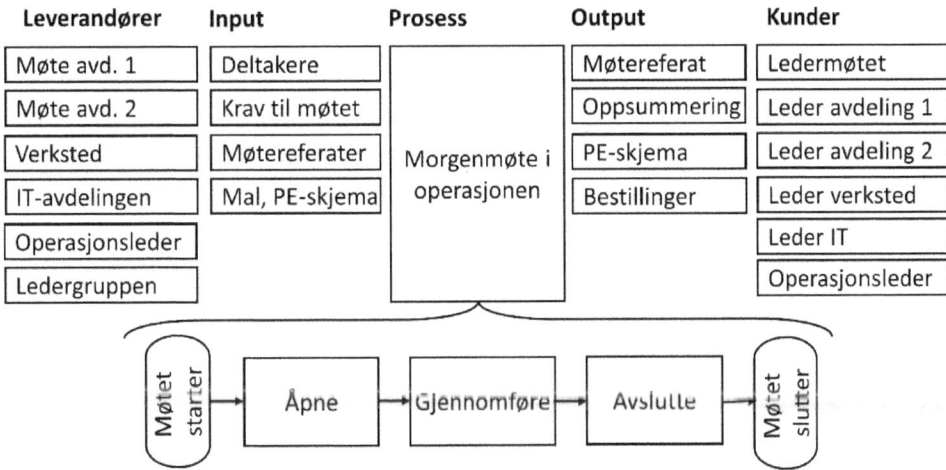

Leverandører	Input	Prosess	Output	Kunder
Møte avd. 1	Deltakere		Møtereferat	Ledermøtet
Møte avd. 2	Krav til møtet		Oppsummering	Leder avdeling 1
Verksted	Møtereferater	Morgenmøte i operasjonen	PE-skjema	Leder avdeling 2
IT-avdelingen	Mal, PE-skjema		Bestillinger	Leder verksted
Operasjonsleder				Leder IT
Ledergruppen				Operasjonsleder

Figur 5. Eksempel på LIPOK for operasjonens morgenmøte.

Eksempel på output fra operasjonsmøtet er følgende:

- Møtereferat. Alle kundene i LIPOK skal ha referatet. Leder for operasjonen er ansvarlig for referatet og for at det formidles. Malen for møtereferater skal benyttes.

- Oppsummering. Dette er oppsummeringen av ukens operasjonsmøter, som er input til ledergruppens mandagsmøte. Oppsummeringen skal omfatte hendelser, status for viktige leveranser, status for ytelse på definerte nøkkelvariabler samt saker til orientering og beslutning. Leder for operasjonen er ansvarlig for utarbeidelse og formidling til ledergruppen. Malen for oppsummering skal benyttes.

- Bestillinger. Dette er bestillinger av interne tjenester som besluttes i operasjonsmøtene. Representantene for IT og verksted bringer dem videre til egen avdeling.

- PE-skjema. Dette er en egenevaluering (kapittel 11) av møtet. Evalueringen benyttes av leder for operasjonen til å forbedre gjennomføringen.

Eksempel på input til operasjonsmøtet:

- Deltakerne. Leder for operasjonen og representanter for avdeling 1, avdeling 2, IT og verkstedet er obligatoriske deltakere. Ved fravær skal det stille en kompetent stedfortreder med myndighet til å representere avdelingen.

- Krav til møtet. Dette er en beskrivelse av de formelle kravene til møtet. Innholdet er i tillegg til en tekstbeskrivelse av LIPOK også angivelse av tidspunkt, varighet, obligatoriske deltakere, møteleder, stedfortredere, agenda, hvilken mal som skal benyttes for referatet, møteregler, kjerneverdier og ledelsesprinsipper.

- Møtereferater. Dette er referater fra underliggende avdelingsmøter gjennomført tidligere samme dag. Referatene inkluderer ønsker om bestillinger og tas med inn i møtet av representantene for avdelingene.

- PE-skjema. Mal for evaluering av møtet (kapittel 11).

Møteprosessen slik den er beskrevet i Figur 5, har tre trinn: åpne, gjennomføre og avslutte. Aktiviteter under «åpne» kan være å velge person som skal evaluere møtet, og å formidle viktig informasjon fra ledelsen. Aktiviteter under «gjennomføre» kan være å kartlegge status for ressurssituasjonen i avdelingene, å registrere uønskede hendelser siden foregående møte, å registrere nye risikofaktorer som kan hindre operasjonen i å nå (kortsiktige) mål, å beslutte tiltak, å replanlegge samt å beslutte bestillinger av tjenester. Morgenmøtet er kort og skal avsluttes til planlagt tid. Det er derfor ikke rom for utdypende diskusjoner og forklaringer. Disse tas eventuelt etter møtet og begrenses til de personer om må involveres. I avslutningstrinnet kompletteres møtereferatet, og viktige aktiviteter leses opp, slik at en sikrer kommunikasjonen. I en fase der møtestrukturen er under etablering, bør evalueringen (PE-skjemaet) gjennomgås i avslutningstrinnet. Når møtestrukturen er etablert og fungerer etter hensikten, kan evalueringen gjøres sjeldnere og diskuteres i etterkant av møtet. Oppfølgingen av definerte tiltak gjøres utenfor møtet.

De underliggende avdelingsmøtene designes på tilsvarende måte som operasjonsmøtet. Operasjonsmøtet er da den viktigste interessenten som har spesifikke krav til gjennomføringen og leveransene (møtereferatene). Figur 6 viser LIPOK for et avdelingsmøte slik den kan se ut. Morgenmøtene på teamnivå designes på tilsvarende måte som avdelingsmøtene.

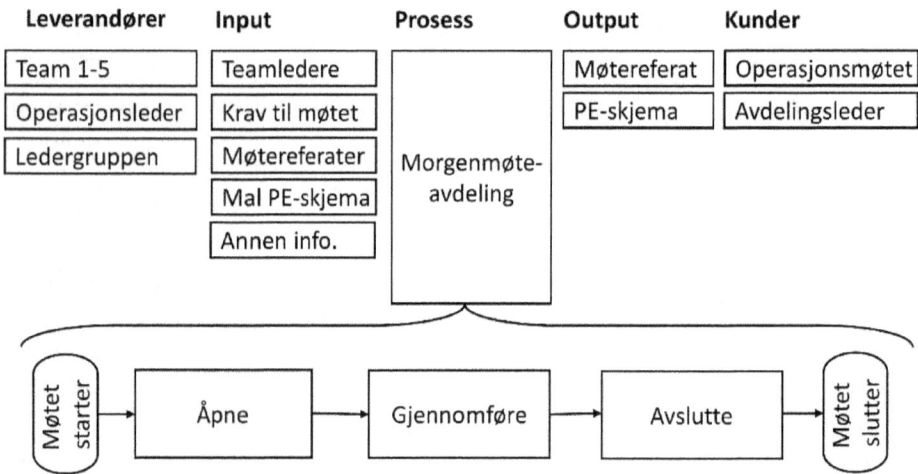

Figur 6. Eksempel på LIPOK for avdelingens morgenmøte.

Når den helhetlige møtestrukturen er designet, kan den visualiseres ved hjelp av et funksjonsflytdiagram (1) slik det er vist i Figur 7.

input	team	avdeling	operasjonen	ledelse	output
Krav Referat Info.	Møte Daglig kl. 8.15-8.30				Referat
Krav Referat Info.		Møte Daglig kl. 8.45-9.15			Referat
Krav Referat Info.			Møte Daglig kl. 9.30-10.00		Referat
Krav Referat Info.				Møte Mandag, kl. 10.30-11.30	Referat

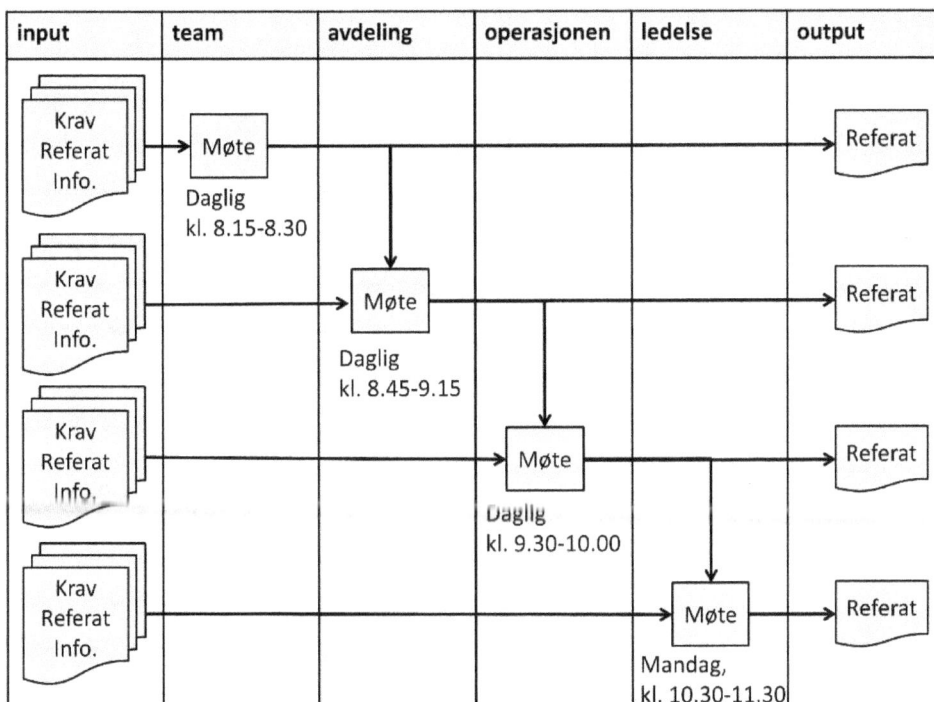

Figur 7. Flytskjemabeskrivelse av den helhetlige møtestrukturen.

Tavler er virkemidler for involvering, interaktivitet og kommunikasjon i møtene og mellom møtene. Hensiktsmessig tavleinnhold vil bidra til effektiv tidsbruk og et kvalitativt godt og forankret resultat. Men hva skal det stå på tavla? På samme måte som tidligere i kapitlet må en først identifisere interessentene og deretter kravene til innhold og oppbygning. Viktige interessenter er møtedeltakerne og møteleder.

Tavler som skal støtte gjennomføringen av møter i operasjonen,

- bør ha en visuell innboks der alle kan plassere forslag, bestillinger og viktig informasjon;

- bør visualisere viktige mål med tilhørende status. Eksempler på målkategorier er HMS, kvalitet, leveransepresisjon, produktivitet og effektivitet;

- kan inkludere verktøy for aktivitetsplanlegging og styring;

- kan inkludere oversikt over viktige kundeleveranser med tilhørende status;

- kan inkludere visualiseringer av produkter, systemer, tjenester, prosjektplaner og/eller prosesser for å støtte diskusjoner;

- bør inkludere tekstbeskrivelsen av kravene til møtet (se input over).

Tavlene skal se ryddige og ordentlige ut. I det ligger det også at sammenlignbare tavler i ulike enheter bør ha standardisert design (oppbygning, fargevalg, bruk av logo med mer).

Møtestrukturene med tilhørende tavleinnhold skal som alle andre strukturer i virksomheten utvikles i takt med behovet og evnen til å håndtere kompleksitet.

Sven H. Danielsen

Plass til notater:

6. Arbeidsplassorganisering (5S)

Orden og renhet i arbeidsområdene er viktig for prosessenes ytelse, medarbeidernes tilfredshet og inntrykket som kunder og andre besøkende får. Arbeidsplassorganisering ved hjelp av metoden 5S er derfor en viktig basisstruktur i Lean og inngår i avdelingslederens ansvar. *5S* er en forkortelse for trinnene i metoden: sortere, systematisere, skinne, standardisere og sikre. God planlegging og gjennomføring av 5S skal i tillegg til rene og ryddige arbeidsområder bidra til bedret ytelse i arbeidsprosessene. Dette kapitlet gir en introduksjon til 5S. Boken (1) beskriver arbeidsplassorganisering for industrielle produksjonsarealer i større detalj.

Gjennomføringen av 5S krever involverende planlegging. Omfanget av planleggingen og tiden for gjennomføring avhenger av størrelsen på området (arealet), antall personer som jobber der, og nivået på orden og renhet ved oppstart. Lean-manageren skal sammen med Lean-koordinatorene / Black Belts være pådrivere og støtte for ledere og medarbeidere i alle faser av 5S, inklusive planleggingen. Følgende aktiviteter er viktige i planleggingsfasen:

1. å etablere en kommunikasjonsplan for å sikre involvering av og forankring hos alle viktige interessenter. Forslag til innhold i en kommunikasjonsplan finnes i boken (1);

2. å definere området (arealet) som skal reorganiseres;

3. å dele inn hele området inn i soner. Bruk av plantegninger er hensiktsmessig for å visualisere oppdelingen;

4. å etablere team med ansvar for gjennomføring av 5S i de ulike sonene. Fellesarealer skal inkluderes. Teamene skal ha ansvaret for renhet og orden også etter gjennomføringen av 5S;

5. om relevant: å kartlegge prosessene i sonene;

6. om relevant: å gjennomføre overordnede verdistrømsanalyser og logistikkanalyser for hele området. Hensikten er å få et helhetlig bilde av bevegelser, informasjonsflyt og flyt av produkter/saker gjennom områdets soner;

7. å kartlegge kravene til sonene og prosessene i dem. Kravene til sonene vil handle om renhet, orden, HMS, kvalitet, leveransepresisjon, effektivitet, produktivitet og samarbeid. Reorganiseringen skal bidra til å oppfylle disse kravene.

   • Om det skal være tavler og møter i området, må tilhørende behov og krav inngå i kartleggingen;

8. å definere og komplettere relevante interne standarder for skilttyper, fonttyper, fargevalg, boksstørrelser, mappetyper, tavler, tapetyper, sjekklister, instrukser med mer;

9. å avklare om og eventuelt hvordan maskiner, instrumenter og utstyr skal merkes og inkluderes i virksomhetens eiendelsregister;

10. å opprette en aktivitetsliste og en anskaffelsesliste per sone. Listene oppdateres løpende under gjennomføringen av 5S;

11. å utvikle en 5S-sjekkliste (1). Sjekklisten skal en bruke til å gjøre en tallmessig vurdering av sonene med hensyn til orden og renhet;

12. å etablere et midlertidig «mellomlager» for gjenstander som skal fjernes fra sonene. Et slikt område kalles ofte for et *red-tag-område*. En person skal være ansvarlig for red-tag-området og sørge for at dette raskest mulig blir avviklet. Det bør etableres en oversikt/logg som beskriver hvilke gjenstander som er flyttet til red-tag-området, hvor disse er kommet fra og et kommentarfelt. Alle gjenstander som tas ut fra red-tag-området igjen, skal kvitteres ut (hvem, hva, når, hvorfor). Dette for å sikre at de ikke ukontrollert finner veien tilbake til sonene igjen;

13. å gjennomføre en (tallmessig) vurdering av 5S-nivået i sonene ved hjelp av 5S-sjekklisten;

14. å definere konkrete 5S-mål for gjennomføringen. En trinnvis tilnærming mot et fremtidig målbilde kan vurderes;

15. å etablere en detaljert fremdriftsplan som inkluderer alle sonene. Rekkefølgen på gjennomføringen i de ulike sonene må diskuteres med teamlederne og øvrige ledere. En god fremdriftsplan gir minimum negativ effekt på ytelsen til prosessene under 5S-implementeringen.

Omfanget av arbeidet under punkt 5 og 7 reduseres antakelig vesentlig om strukturene i kapittel 4 og 5 allerede er på plass.

Resten av kapitlet gir en kort introduksjon til trinnene i 5S. Fremgangsmåten gjelder per sone, og teamene er ansvarlige for gjennomføringen. Selv om trinnene beskrives sekvensielt, vil viktige aktiviteter i de ulike trinnene overlappe i tid i en faktisk implementering.

Trinn 1: *sortere*

Målet med trinnet *sortere* er

- å identifisere og fjerne det som ikke trengs hver dag
- å identifisere og fjerne det det er for mye av
- å identifisere feil og mangler ved verktøy, maskiner, utstyr og annen infrastruktur
- å identifisere lokale og eksterne kilder til mangelfull orden og renhet

Fremgangsmåte i *sortere*:

1. Definer kriterier for å fjerne gjenstander fra sonen. Typiske kriterier kan være følgende:

   - Gjenstanden hører ikke til i sonen.

   - Gjenstanden brukes ikke hver dag.

   - Det er for mange i forhold til typisk behov.

   - Gjenstanden bør plasseres utenfor sonen.

   - Konsekvensen er liten om gjenstanden fjernes og det likevel blir behov for den.

2. Definer hvor mye (mengde, antall, volum) som behøves av verktøy, rekvisita, materialer et cetera.

3. Ta bilder for dokumentasjon av 5S-status før gjennomføring. Bildene benytter en senere for å visualisere oppnådde forbedringer.

4. Identifiser lokale og eksterne kilder til smuss, forurensning, søppel, gasser og uønskede væsker. Informasjon om eksterne kilder skal videresendes til de team som «eier» kildene.

5. Kast søppel og gjenstander som ikke har verdi for noen.

6. Merk gjenstander som skal eller antakelig skal fjernes fra sonen.

7. Merk defekt/skadet infrastruktur.

8. Gå gjennom området med alle i teamet samt relevante ledere og gjør eventuelle endringer i merkingen.

   - Gjenstander som skal eller kanskje skal gjenbrukes, plasseres i red-tag-området.

   - Gjenstander som skal kastes, men ikke kan besørges med en gang, plasseres i red-tag-området. Om slike gjenstander har en restverdi, må verdien fjernes fra regnskap/balanse før de kastes.

   - Gjenstander som brukes periodevis eller sporadisk, plasseres i tilknytning til sonen eller i red-tag-området inntil en fast lagringsplass er innrettet i området.

   - Gjenstander som brukes sjelden, plasseres helt utenfor området om aksesstiden ved behov ikke er kritisk.

9. Oppdater anskaffelseslisten og sonens 5S-aktivitetsliste.

Trinn 2: *systematisere*

I dette trinnet skal sonen fysisk reorganiseres for å møte de kartlagte kravene til sonen. Gjennomføringen av trinnet vil normalt være overlappende med neste trinn, *skinne*.

Målet med *systematisere* er

1. at alt skal ha en fast plass. Med «alt» menes instrumenter, verktøy, dokumenter, permer, tidsskrifter, rekvisita, varer, produkter med mer;

2. at alt er i orden og fungerer (maskiner, verktøy, utstyr og infrastruktur);

3. at organiseringen bidrar best mulig til HMS, kvalitet, flyt, leveransepresisjon, produktivitet og effektivitet;

4. at organiseringen forenkler inspeksjon, renhold og vedlikehold;

5. at det er visuell kontroll med instrumenter, verktøy, informasjon, dokumenter, rekvisita, inn/ut-kurver, nivåer, lagringsplasser, farlige områder med mer. Visuell kontroll innebærer for eksempel at en ved enkel inspeksjon kan se om alt er på plass, om noe bør suppleres, hvor inngående og utgående dokumenter/produkter skal plasseres, hvor ulike typer instrukser finnes, hvor det er farlige områder, og hva som er «driftsstatus» i sonens prosesser;

6. at eventuelle tavler i sonen (kapittel 5) er hensiktsmessig plassert;

7. at alt standardiseres som bør standardiseres (se *standardisere* under).

Fremgangsmåte i *systematisere*:

1. Kartlegg muligheter for bedret HMS:

   a. Vurder menneskelige bevegelser (forflytning, vridning, løft) med hensyn til frekvens, tyngde og belastning.

   b. Vurder plassering og sikring av verktøy, instrumenter, maskiner og annet utstyr.

   c. Vurder bruk av avlastende hjelpemidler for manuelt arbeid.

   d. Vurder tilrettelegging for handikapbehov.

   e. Vurder endringer av lyssetting.

   f. Vurder endringer med hensyn til temperatur, fuktighet, støv, gasser og avfall.

   g. Vurder risiko for uønskede hendelser og tilhørende nødvendige tilpasninger.

   h. Vurder rømningsveier, skilting og barrierer.

   I dette første punktet kan risikoanalyseverktøy som FMEA og ROS-matrise være aktuelle (1). HMS kunne vært inkludert sammen med andre målkategorier i neste punkt, men er på grunn av viktigheten behandlet særskilt.

2. Kartlegg muligheter for reorganisering som positivt vil påvirke kvalitet, flyt, leveransepresisjon, produktivitet og effektivitet.

   a. Vurder alternativer for bedret flyt av varer, personer, materialer og informasjon i sonen. Nyttige verktøy for dette kan være spagettidiagram (1), flytdiagrammer (1), verdistrømskart (kapittel 12) og plantegninger.

   b. Vurder alternativer for bedret flyt inn til og ut fra sonens prosesser. Alternativene skal vurderes og konkretiseres i samarbeid med relevante eksterne interessenter til sonen. Følgende bøker gir gode innspill på mekanismer for effektiv flyt og flytkontroll: (13), (14), (15) og (16).

   c. Standardiser det som bør standardiseres av verktøy, tavler, bokser med mer. Se trinn *standardisere* under.

   d. Vurder plassering av eventuelle tavler.

3. Kartlegg muligheter for forenklet renhold og vedlikehold. Følgende er innspill i den sammenheng:

   a. Det bør være minst mulig på gulvet (det vil si heng opp). Det gjelder også ledninger.

   b. Det bør velges belegg og farge på gulv, vegger, tak og arbeidsflater som tåler vask og forenkler vasking og inspeksjon.

   c. En bør bruke oppheng for lagring av verktøy, instrumenter, utstyr og lignende.

   d. Det bør bære lett tilgjengelighet til og visuell kontroll med utstyr og forbruksmateriell nødvendig for rengjøring og vedlikehold.

4. Planlegg reorganiseringen med utgangspunkt i de tre foregående punktene. Følgende er i den sammenheng innspill til lederne:

    a. Bruk en layouttegning til å tegne ny organisering i sonen. Uhensiktsmessige alternativer kan da oppdages allerede på «tegnebrettet».

    b. Involver alle medarbeidere og andre viktige interessenter som vil påvirkes av reorganiseringen.

5. Gå igjennom og kompletter aktivitets- og anskaffelseslisten. Innhent godkjennelse, og gjennomfør anskaffelser.

6. Gjennomfør reorganisering. Benytt sonens aktivitetsliste for å støtte gjennomføringen og oppfølgingen.

Trinn 3: *skinne*

Gjennomføringen av dette trinnet må ses i sammenheng med gjennomføringen av det foregående. Grunnen er at flere aktiviteter i *skinne* bør gjøres før sonen reorganiseres.

Målene med *skinne* er

1. å definere krav til nivå på renhet (om dette ikke allerede er gjort i planleggingsfasen). Kravene kan også omfatte hygienekrav, krav til smittevern og krav til gasser og støv;

2. å rengjøre sonen og infrastrukturen der.

Viktigheten av og innholdet i *skinne* er avhengig av typen arbeidsområde. I moderne kontorlokaler kan dette trinnet være mindre viktig.

Fremgangsmåte i *skinne*:

1. Definer kravene til renhet. Det vil si hvordan det skal se ut i fremtiden.

2. Dersom relevant: Definer hva slags rengjøringsutstyr, rengjøringsmidler og prosedyrer som skal benyttes, hvordan utstyr og rengjøringsmidler skal oppbevares, og hvordan en har visuell kontroll med dette.

3. Rengjør alt. Det vil si gulv, vegger, tak, maskiner, instrumenter, rør, ledninger, skap, hyller og annen infrastruktur.

4. På samme måte som i trinnet *sortere* skal utstyr og infrastruktur inspiseres for feil og mangler også under rengjøringen.

5. Om det ikke er gjort tidligere: Fjern eller reduser lokale årsaker til støv, spon, lekkasjer, smuss med mer.

6. Ta bilder som dokumenterer resultatet etter systematisering og rengjøring. Bildene kan en benytte for å visualisere kravene til det nye nivået på renhet og orden i området. Før- og etterbildene kan benyttes som dokumentasjon av resultatene oppnådd gjennom 5S-metodens trinn 1–3.

Trinn 4: *standardisere*

Standarder kan betraktes som besluttede, entydige beskrivelser som bidrar til minimum uønsket variasjon. Eksempler på hva som i 5S-sammenheng er relevant å standardisere, er prosedyrer, tape, farger, fonter, bokstyper, verktøy, verktøytavler, belegg, lyssetting, rengjøringsutstyr og rengjøringsmidler. Virksomheten skal ta ansvar for å utarbeide felles standarder som skal gjelde for alle sonene.

Målene i *standardisere* er

- å lage (eller benytte eksisterende) standarder som bidrar til best mulig visuell kontroll i sonene

- å lage standarder som bidrar til minimum uønsket variasjon i gjennomføringen av alle rutiner i sonen

- å lage standarder som forenkler opplæringen

- å gjøre standardene lett tilgjengelige

- å gjøre viktige standarder eller deler av standarder visuelle og tilgjengelige i umiddelbar tilknytning til det arealet, den aktiviteten, den personen, det produktet eller den tjenesten som har behov for standarden

Det synes vanskelig å lage en fremgangsmåte for trinnet *standardisere*. Grunnen er at spennet for hva som kan standardiseres, er så stort. Her er likevel noen innspill:

- Rutinebeskrivelser for rengjøring, rydding, inspeksjon, vedlikehold og produksjonsaktiviteter skal ha en form og et språk som alle i sonen forstår.

- Rutinebeskrivelsene skal være lett tilgjengelige for alle.

- Viktige rutiner eller deler av viktige rutiner bør lages som visuelle ettpunktsleksjoner og plasseres der arbeidet skal utføres. En ettpunktsleksjon er normalt en A4-side som med bilder, figurer og minimum med tekst illustrerer viktige deler av innholdet i en rutine. Ettpunktsleksjoner bør utarbeides av, eller i tett samarbeid med, medarbeiderne i sonen. Eksempler på ettpunktsleksjoner finnes i (1).

- Legg nye og oppdaterte standarder og ettpunktsleksjoner inn i virksomhetens systemer for organisering av rutiner og standarder.

Standardene er utgangspunktet for oppfølging, opplæring og videre forbedringer.

Trinn 5: *sikre*

I litteraturen er målet med dette trinnet normalt knyttet til å sikre varigheten til det nye og forbedrede nivået for renhet og orden. I denne boken forslås det å utvide målet til å sikre varighet for alle strukturer/standarder som er etablert og endret gjennom arbeidsplassorganiseringen i de foregående trinnene.

Forslag til fremgangsmåte:

1. Beskriv krav til opplæring i nye/endrede standarder.
2. Integrer opplæringen i sonens og prosessenes opplæringsplan.
3. Gjennomfør opplæringen.
4. Plasser ansvaret for nye standarder.
5. Oppdater ledernes standard arbeid (kapittel 10) med nødvendige oppfølgingsoppgaver knyttet til nye/endrede standarder. I innføringsfasen bør oppfølgingen være hyppig.
6. Planlegg regelmessig revisjon av 5S-status i sonene med ledelsen.
7. Planlegg neste gjennomføring av arbeidsplassreorganisering (om 12–24 måneder).

Plass til notater:

Sven H. Danielsen

Plass til notater:

7. Kontinuerlige forbedringer

Dette kapitlet gir innspill på strukturer for kontinuerlige forbedringer (KF) i linjeorganisasjonen. En helhetlig KF-struktur omfatter klart definerte forbedringsprosesser på alle organisatoriske nivåer. Virksomhetens øverste ledelse og styre vet da hvordan organisasjonen jobber for å nå strategiske mål og samtidig løser de løpende operative behovene for endring og forbedring. Det er øverste leder som er ansvarlig for at KF-strukturen defineres og implementeres. Defineringen kan omfatte følgende trinn:

1. Definer hensikten med KF-strukturen.
2. Identifiser interessentene til KF-strukturen.
3. Kartlegg prioriterte interessenters krav til KF-strukturen.
4. Design KF-strukturen på avdelingsnivå.
5. Design KF-strukturene på teamnivå.

For å gi mest mulig konkrete innspill på KF-strukturer beskriver den videre teksten et mulig resultat av trinnene over. Det antas en mellomstor virksomhet med avdelingsstruktur. Noen av avdelingene har delt medarbeiderne inn i team.

Hensikten med KF-strukturen er å involvere alle ledere og medarbeidere i planlagte forbedringsaktiviteter for å nå strategiske mål og samtidig håndtere de løpende operative behovene for forbedring.

Brainwriting (kapittel 15) og kontekstdiagram (kapittel 4) er verktøy for å støtte arbeidet med å kartlegge de prioriterte interessentene. For den videre beskrivelsen antas det at de prioriterte interessentene er øverste leder, ledergruppen (som gruppe), avdelingslederne, Lean-manageren og teamlederne.

Interessentene definerer følgende krav:

- KF-strukturen skal ivareta løpende operative og strategiske forbedringsbehov.
- Forbedringsarbeidet skal gjennomføres innenfor det eksisterende budsjettet. Forslag som krever investeringer utover budsjett, skal godkjennes av ledergruppen.
- Avdelingenes forbedringsprosess skal ha en et kvartals syklus. Siste måned i hvert kvartal skal den enkelte avdeling utvikle KF-planer som skal implementeres i etterfølgende kvartal. Planen skal godkjennes av øverste leder (eller stedfortreder) før implementering starter. Figur 8 illustrerer syklusen i KF-arbeidet.
- Øverste leder eller stedfortreder skal gjennom sitt standard arbeid (kapittel 10) ukentlig på et fast tidspunkt følge opp avdelingenes forbedringsplaner (TIP).
- Forbedringer som krever aktiviteter utenfor avdelingens ansvarsområde, skal eskaleres til Lean-manageren og/eller sendes som input til KF-strukturen i rette avdeling.
- Teamenes forbedringsprosess skal ha en to ukers syklus og begrenses til enklere, lokale forbedringsbehov som oppdages i det daglige arbeidet. Tiltakene som gjøres, skal ha lav risiko for uønskede konsekvenser. Forbedringsbehov som krever tiltak med reell risiko for uønskede konsekvenser, skal være input til avdelingens KF-prosess.

- Avdelingene skal presentere status for og resultater fra KF-prosessen i ledelsens gjennomgang av strategien (kvartalsvis).

- Alle gjennomførte forbedringer skal loggføres. Problemer som krever rotårsaksanalyse, skal løses og dokumenteres i tråd med virksomhetens standardiserte A3-problemløsningsmetode (kapittel 13).

Basert på kravene designer avdelingene sine delprosesser for å *utvikle* og *implementere* KF-planer (TIP). Et eksempel på den første delprosessen er illustrert ved hjelp av LIPOK i Figur 9. Figur 10 visualiserer metoden og verktøyene som benyttes i prosessen.

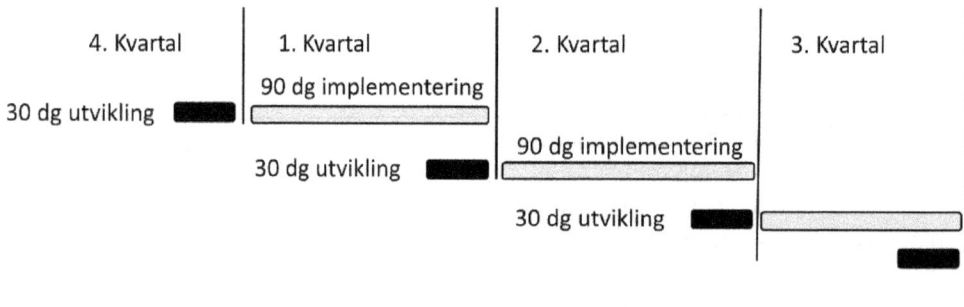

Figur 8. Illustrasjon av syklusen for avdelingens KF-prosess.

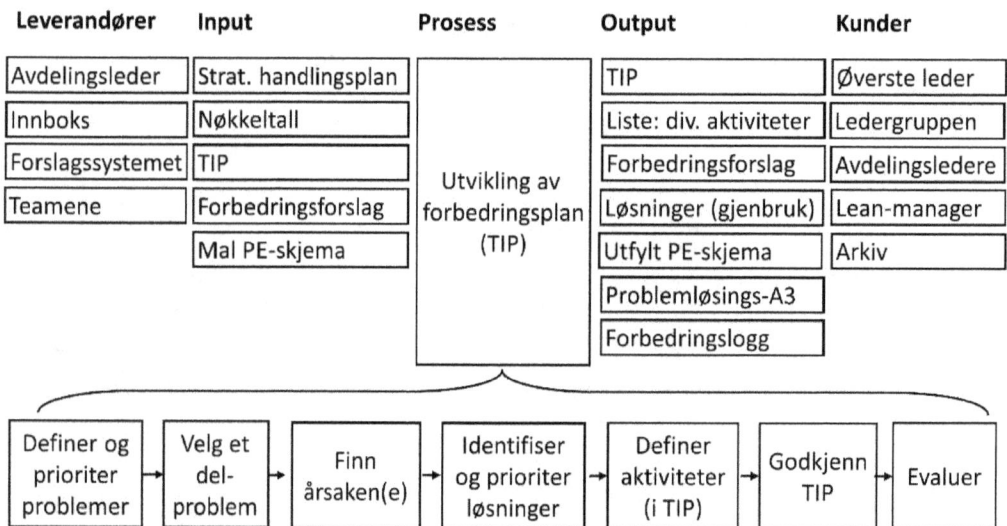

Figur 9. LIPOK for avdelingens utvikling av KF-planer (TIP).

Beskrivelse av input og leverandører i Figur 9:

1. Strategisk handlingsplan: Dette er handlingsplanen som avdelingen har laget i forbindelse med strategiarbeidet. Planen angir avdelingens forbedringsmål og KF-initiativer for å nå målene. Avdelingsleder er leverandør av handlingsplanen.

2. Nøkkeltall: Dette er statusmålinger for nøkkelvariablene som karakteriserer avdelingens ytelse. Avdelingsleder er leverandør.

3. TIP (taktisk implementeringsplan): Dette er avdelingens forbedringsplan, som skal oppdateres gjennom prosessen. Avdelingsleder er leverandør.

4. Forbedringsforslag: Dette er forslag til forbedringer/problemer som er kommet inn gjennom forslagssystemet og KF-strukturens innboks. Avdelingsleder er ansvarlig for at inngående forslag tas med i KF-planleggingen.

5. Mal PE-skjema (prosessevaluering). Dette er et skjema for å gjøre egenevaluering av arbeidet med utviklingen av TIP. Avdelingsleder er leverandør.

Beskrivelse av output og kunder i Figur 9:

1. TIP: Dette er avdelingens oppdaterte og godkjente forbedringsplan som skal implementeres i påfølgende kvartal. Øverste leder og Lean-manageren er prioriterte kunder med krav til TIP.

2. Diverse aktiviteter: Dette er en liste over aktiviteter som ikke skal være med i TIP. Om aktiviteter i TIP er forsinket, benyttes denne listen for korrektive tiltak. Listen kan også benyttes for å håndtere forbedringsbehov som dukker opp i perioden mellom de formelle TIP-oppdateringene. Øverste leder og Lean-manageren er viktige kunder med krav til denne aktivitetslisten.

3. Forbedringsforslag: Dette er beskrivelser av problemer som avdelingen selv ikke kan løse. Forslagene formidles til Lean-manageren og/eller til KF-prosessen i den avdelingen som eier problemet. Prioriterte kunder er Lean-manageren og øvrige avdelingsledere.

4. Løsninger (gjenbruk): Dette er løsninger som sannsynligvis kan gjenbrukes i andre avdelinger. Beskrivelse av muligheter formidles til Lean-manageren og til relevante avdelinger. Prioriterte kunder er Lean-manageren og øvrige avdelingsledere.

5. Utfylt PE-skjema: Dette er det utfylte evalueringsskjemaet med innspill på forbedringer av avdelingens KF-prosess. Øverste leder, Lean-manageren og avdelingsleder er kunder med krav til skjemaet og innholdet.

6. Problemløsnings-A3: Problemer som krever formell rotårsaksanalyse, skal dokumenteres i et standard A3-problemløsningsformat. Lean-manageren og avdelingsleder har krav til gjennomføring og resultat. Resultatet skal gjøres tilgjengelig for alle og arkiveres.

7. Forbedringslogg: Dette er en liste over alle forbedringer som er gjennomført. Avdelingsleder er ansvarlig for oppdateringen og arkiveringen. Loggen benyttes av Lean-manageren til å vurdere trender, lage statistikker og gjøre sammenligninger.

Figur 10 konkretiserer den metodiske tilnærmingen og verktøyene som skal brukes i delprosessen (Figur 9). Input er forslag til forbedringer, oppdaterte nøkkeltall og handlingsplanen med avdelingens strategiske delmål og viktige KF-initiativer. Basert på input prioriteres de problemer som skal løses i neste periode. I tråd med DMAIC-metoden (1) visualiseres prosessen eller verdistrømmen (VSM) hvor viktige årsaker til et valgt problem finnes. Om det er relevant, bør en i tillegg eller alternativt visualisere det produkt eller det system som skal undersøkes. Neste trinn er å identifisere delproblemer i prosessen og markere dem med stjerner. Deretter kartlegges rotårsakene til hvert prioritert delproblem. En benytter fiskebeinsdiagram, 5xhvorfor, dataanalyse, prosesskartlegging, kontrollerte forsøk/testing og ulike voteringsteknikker for å finne frem til de antatt viktigste rotårsakene. I Figur 10 er de prioriterte rotårsakene visualisert i fiskebeinsdiagrammet som et kryss med en sirkel rundt. Rotårsaksanalyse beskrives i bøkene (1) og (17).

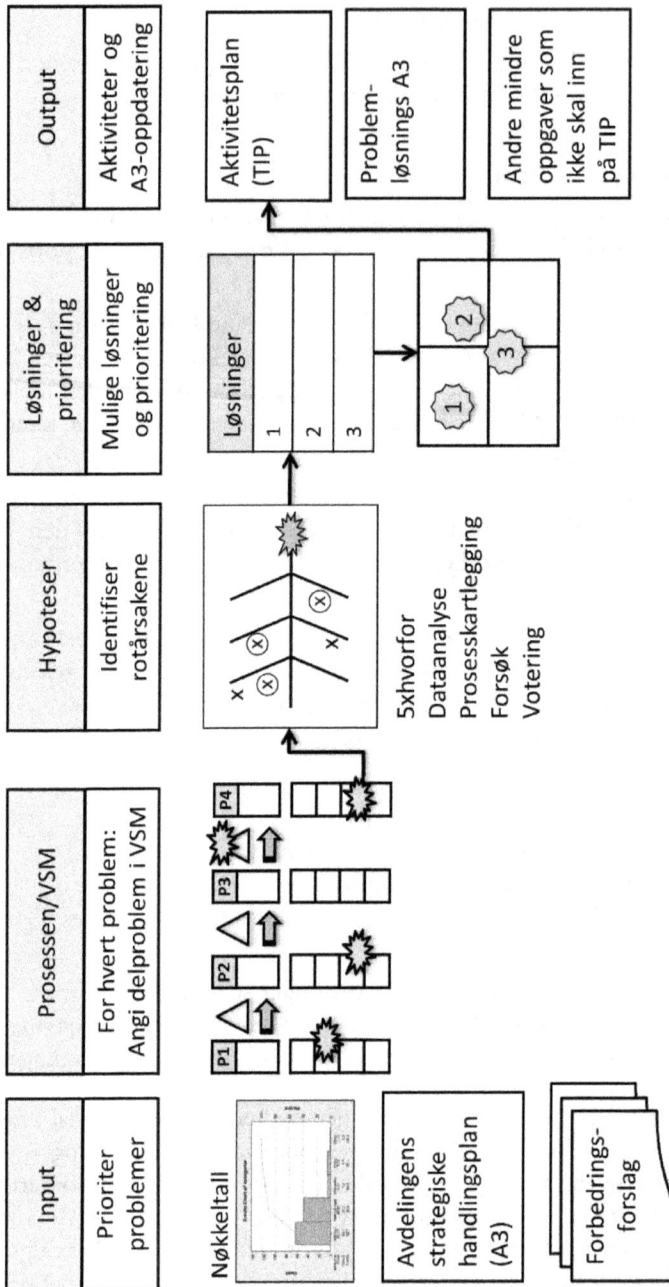

Figur 10. Metodisk tilnærming til utvikling av avdelingens TIP.

Med utgangspunkt i de valgte rotårsakene identifiseres alternative løsninger. Alternativene plasseres deretter i et visuelt prioriteringsverktøy. I figuren er dette et todimensjonalt verktøy med en x-akse som angir «hvor vanskelig det er å implementere løsningen», og en y-akse som angir den effekten løsningen har. For å forenkle prioriteringen kan en dele både x- og y-aksen i to. Prioriteringsverktøyet har da fire kvadranter med følgende tolkning: (lett å implementere, liten effekt), (lett å implementere, høy effekt), (vanskelig å implementere, liten effekt) og (vanskelig å implementere, høy effekt). Når løsningene er valgt, konkretiserer en aktivitetene for å utvikle og implementere dem. Aktivitetene føres inn i TIP.

Løsninger med stor effekt som ikke velges på grunn av høy risiko og/eller høye kostnader og/eller omfang, formidles som forslag til ledergruppen eller Lean-manageren.

Når løsninger diskuteres, er det viktig å stille følgende spørsmål: «Hva skal til for at problemet ikke dukker opp igjen?» Om svaret på spørsmålet inkluderer endringer i målesystemer og rapporter, definering og plassering av nye ansvar, utarbeidelse av nye rutiner, endringer i opplæringsprogram, utarbeidelse av nye standarder og/eller oppdatering av ledernes standard arbeid (kapittel 10), så skal tilhørende aktiviteter også inkluderes i TIP.

Delproblemer med opplagte og forståtte årsaker krever ikke formell rotårsaksanalyse. For disse problemene kan årsakene oppsummeres muntlig før en går videre med å vurdere alternative løsninger. Når problemløsningen krever formell rotårsaksanalyse, skal tilnærmingen dokumenteres i et standardisert A3-problemløsningsskjema (kapittel 13). Hensikten med denne formalismen er å sikre metodisk tilnærming, involvering, identifisering av rotårsakene, trening i «avansert» problemløsning, muligheten for gjenbruk og dokumentasjon av resultater fra forbedringsarbeidet.

Problemer med viktige årsaker utenfor avdelingens ansvarsområde formidles til KF-prosessen i andre avdelinger og/eller til Lean-manageren.

Når TIP er oppdatert, skal den gjennomgås og godkjennes av øverste leder. Hun skal sikre at planen er tilstrekkelig detaljert, konkret, ambisiøs og realistisk. TIP følges deretter opp ukentlig som ledd i hennes standard arbeid. Med mindre det er særlig gode grunner til det, skal det ikke inn nye aktiviteter i TIP før neste planlegging i utgangen av kvartalet. Om det likevel dukker opp nye forbedringsbehov som må prioriteres før neste formelle planlegging, skal tilhørende aktiviteter føres på listen over «diverse aktiviteter». Om TIP-aktiviteter ligger etter planen, skal det defineres korrektive tiltak, som også føres på listen over «diverse aktiviteter». Om omfanget av aktivitetene i TIP viser seg å være for ambisiøst, kan øverste leder godkjenne at det fjernes aktiviteter.

Aktivitetene i TIP vil variere i omfang. Enklere oppgaver kan gjennomføres uten behov for mer planlegging og koordinering. Mer omfattende aktiviteter kan kreve ytterligere planlegging utenfor TIP. Gjennomføring av 5S i en sone er ett eksempel på sistnevnte; reduksjon av omstillingstiden i en prosess er et annet. «Kaizen events» (KE) er en involverende gjennomføringsmetode for forbedringsaktiviteter på 2–5 dager. Tiltakene skal være implementert og prosessene fungere normalt etter gjennomføringen.

KF-prosessen i Figur 9 og Figur 10 kan gjennomføres som en serie på 3–5 arbeidsmøter spredt i tid over en måned. På denne måten gis det rom for å håndtere det ukjente og gjøre målinger og kartlegginger mellom møtene. Flere, korte møter betyr normalt også at det er lettere å frigjøre enkeltpersoner, beholde engasjementet og sikre kvaliteten. Arbeidet bør ledes av avdelingsleder. Om avdelingslederen ikke har tilstrekkelig kompetanse eller ikke kan delta, kan en kompetent Lean-ressurs (Lean-koordinator, Black Belt) lede gjennomføringen. Det er uansett avdelingsleder som skal presentere TIP for godkjennelse av øverste leder. En mulig plan for arbeidsmøtene kan være følgende:

Arbeidsmøte 1:

- varighet: inntil fire timer

- hensikt: å definere og prioritere problemer og identifisere hvem som skal delta på de påfølgende arbeidsmøtene

- deltakere: øverste leder, avdelingsleder, teamledere, Lean-koordinatorer / Black Belts og utvalgte representanter for andre prosesser, fag og avdelinger

- output: aktivitetsplan med oppgaver og ansvar til neste arbeidsmøte

Arbeidsmøte 2 og 3 (og eventuelt 4):

- varighet: hvert møte inntil fire timer;

- hensikt: å bryte ned problemene til delproblemer i prosessene (eller verdistrømmene) og identifisere de antatt viktigste rotårsakene til hvert prioritert delproblem;

- deltakere: avhenger av typen problemer som skal løses;

- viktige verktøy: A3-mal for problemløsning (kapittel 13), fiskebeinsdiagram, 5xhvorfor og VSM. Verktøy for prosesskartlegging, dataanalyse og prioritering benyttes ved behov. Mange av disse verktøyene er beskrevet i (1);

- output: aktivitetsplan med oppgaver og ansvar til neste arbeidsmøte.

Arbeidsmøte 4 (eventuelt 5):

- varighet: inntil åtte timer;

- hensikt: å utvikle alternative løsninger, prioritere løsninger, definere aktiviteter, oppdatere TIP, godkjenne TIP og evaluere gjennomføringen;

- deltakere: samme som i foregående arbeidsmøter. Øverste leder deltar på slutten for gjennomgang og godkjennelse av TIP;

- output: godkjent TIP;

- viktige verktøy: TIP, prioriteringsmatrise, risikoanalyseverktøy og PE-skjemaet. Boken (1) beskriver prioriteringsmatrisen og andre verktøy for prioritering og risikoanalyse.

Når TIP er godkjent, implementeres aktivitetene som del av det daglige arbeidet. Interne Lean-ressurser skal både støtte og bidra til dette. Øverste leder har ukentlig oppfølging av TIP som viktig aktivitet i sitt standard arbeid (kapittel 10).

Følgende retningslinjer gjelder for oppfølgingen av TIP:

- Oppfølgingen skal gjennomføres stående foran avdelingens forbedringstavle på fast tidspunkt med fast varighet.

- Avdelingsleder (eller stedfortreder) skal presentere status.

- Oppfølgingen skal prioritere aktiviteter som ligger etter planen.

- Årsaker til forsinkelser skal være kartlagt før oppfølgingen. Forslag til korrektive tiltak skal være laget før oppfølgingen.

- Årsaker til forsinkelser diskuteres ikke under gjennomgangen, kun tiltakene for å komme tilbake i rute. Korrektive tiltak noteres på listen over «diverse aktiviteter».

- Øverste leder kan godkjenne at aktiviteter fjernes fra TIP dersom omfanget av planen viser seg å være for ambisiøst eller ny kunnskap viser at aktiviteten ikke lenger er relevant.

TIP er en aktivitetsplan. Detaljeringen bør utvikles i takt med avdelingens behov og evne til å håndtere kompleksitet. For å sikre lesbarheten bør en skrive planen ut i storformat (A0). Følgende er viktige kolonner i en TIP:

1. beskrivelse av problemet (helst knyttet til en mangelfull ytelse for én eller flere angitte nøkkelvariabler);

2. beskrivelse av aktiviteter (flere aktiviteter per problem);

3. identifikasjonsnummer. Denne kolonnen gjør det mulig å knytte relevante TIP-aktiviteter til KF-initiativer i avdelingens strategiske handlingsplan;

4. ansvarlig for aktiviteten;

5. planlagt start og avslutning. Denne kan en alternativt visualisere ved å opprette en kolonne for hver uke i kommende kvartal. En trekant tegnes i den uken aktiviteten skal være ferdig;

6. status for fremdrift.

TIP kan også inkludere kolonner for å angi prioritet blant aktivitetene og risiko for ikke å lykkes med aktivitetene.

Avdelingen bør ha et fast område for forbedringsarbeidet. Følgende bør finnes i dette området:

1. forbedringstavle med fast struktur. Kan være 2–3 fysiske whiteboard-tavler med størrelse ca. 3 x 1,5 m;

2. arbeidsbord;

3. brunpapir på rull, flippover, Post-it-lapper, tape, tusjer i ulike farger;

4. maler for A3-problemløsning.

Forbedringstavlene skal bidra til interaktivitet og støtte den metodiske gjennomføringen slik den er visualisert i Figur 10. Tavlene bør derfor ha merkede felter med plass til

1. innboks – for papirskrevne forslag til forbedringer/problemer

2. avdelingens (strategiske) handlingsplan (A3)

3. oversikt over avdelingens nøkkelvariabler med tilhørende status

4. visualisering i stort format av avdelingens prosess(er) (VSM, LIPOK)

5. om relevant: visualisering i stort format av produkt- og systemstrukturer

6. fiskebeinsdiagram for årsak–virkning-kartlegging

7. tabell som knytter løsninger til prioriterte årsaker

8. prioriteringsverktøy og eventuelt risikoverktøy

9. TIP

10. aktivitetsliste for diverse aktiviteter

11. A3-problemløsningsskjemaer som er under arbeid

12. forbedringslogg (kort beskrivelse av gjennomførte forbedringer)

Tavlenes oppbygning og innhold bør så langt det er hensiktsmessig, standardiseres på tvers av avdelingene.

Avdelingene og Lean-manageren skal i tillegg til KF-strukturene definere hva som skal gjøres ved hendelser og situasjoner som krever umiddelbar reaksjon/forbedring. En slik struktur bør for eksempel beskrive roller, ansvar og fremgangsmåte ved alvorlige HMS-relaterte hendelser.

Forbedringsarbeidet på teamnivå skal involvere alle i teamet og skal ha en vesentlig kortere syklus enn strukturen på avdelingsnivå. I tråd med virksomhetens krav kan teamenes prosess for utvikling av sin egen forbedringsplan beskrives ved hjelp av LIPOK og se ut som i Figur 11.

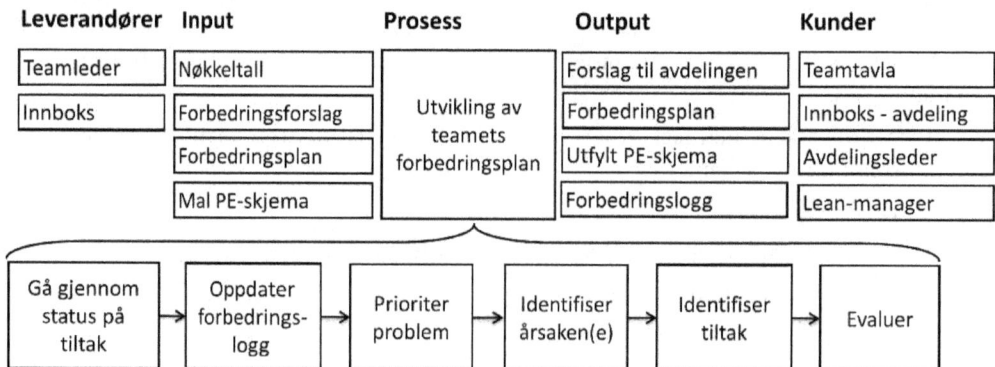

Figur 11. LIPOK for utvikling av teamets forbedringsplan.

Beskrivelse av input og leverandører i Figur 11:

1. Nøkkeltall: Dette er status for nøkkelvariabler som karakteriserer ytelsen til den eller de delprosessene som teamet er ansvarlig for. Teamleder er leverandør.

2. Forbedringsforslag: Alle kan komme med forbedringsforslag til teamet. Disse kan komme gjennom et forslagssystem eller plasseres i innboksen på teamets tavle. Teamleder er ansvarlig for at eventuelle forslag tas med i planleggingen.

3. Forbedringsplan: Dette er en liste over forbedringsaktiviteter. Teamleder er leverandør.

4. Mal PE-skjema. Dette er en mal for å gjøre egenevaluering av arbeidet med kontinuerlige forbedringer. Teamleder er leverandør.

Beskrivelse av output og kunder i Figur 11:

1. Forslag til avdelingen: Dette er forslag til forbedringer/problemer som teamet ikke kan løse. Forslagene diskuteres med avdelingsleder og sendes til riktig KF-prosess eller problemeier.

2. Forbedringsplan: Dette er teamets oppdaterte liste over forbedringsaktiviteter. Avdelingsleder og teamleder er kunder med krav til den.

3. PE-skjema: Dette er det utfylte skjemaet for egenevaluering av arbeidet med KF. Teamleder og avdelingsleder er kunder med krav til resultatet.

4. Forbedringslogg: Dette er teamets forbedringslogg med korte beskrivelser av gjennomførte forbedringer. Teamleder er ansvarlig for oppdateringen. Avdelingsleder og Lean-manageren er kunder med krav til resultatet.

Aktivitetene i Figur 11 utgjør en forenklet versjon av avdelingens KF-prosess. Ytterligere forklaring antas derfor å være unødvendig. Gjennomføringen skal være forutsigbar og derfor ha en fast syklus (for eksempel hver andre uke), et fast innhold og en fast varighet (for eksempel inntil tre timer).

Teamleder er ansvarlig for å følge opp progresjonen i aktivitetene i forbedringsplanen. Planen skal henge på teamets tavle. Følgende er forslag til kolonner i forbedringsplanen:

1. problembeskrivelse
2. beskrivelse av årsaker
3. beskrivelse av tiltak
4. ansvarlig person
5. frist (dato)
6. status (0, 25 prosent, 50 prosent, 75 prosent, 100 prosent)
7. kommentarer

Teamets tavle bør i tillegg til forbedringsplanen inkludere dette:

1. innboks – for forslag til forbedringer/problemer
2. logg med oversikt over gjennomførte forbedringer
3. forbedringsforslag som skal tas videre til avdelingsnivå
4. tilstrekkelig plass til å tegne og illustrere i arbeidet med problemløsning

I likhet med avdelingstavlenes oppbygning og innhold bør også teamtavlenes sådan standardiseres.

Virksomheter som skal etablere KF-strukturer, bør i første fase sørge for å gjøre det enkelt, men kreve disiplin i gjennomføring og oppfølging. Trygghet i arbeidet er nødvendig for å få til dette. Lederne må derfor praktisere Lean-ledelsesprinsippene (kapittel 3), og det må gis utdanning og støtte til alle som skal ha en «ledende» og/eller drivende rolle i arbeidet. Omfanget av støtten kan gradvis reduseres når avdelingene demonstrerer at de er selvgående. Etter hvert som evnen og disiplinen øker, kan kompleksiteten med hensyn til verktøy og metoder økes.

Syklusen for avdelingens forbedringsprosesser må tilpasses behovet. For noen virksomheter kan det være hensiktsmessig å gjennomføre én eller flere replanlegginger innenfor en KF-syklus. Utviklingsfasen (Figur 9) kan da konsentreres om mål for hele perioden og detaljplanlegging frem til første replanlegging.

Plass til notater:

8. Forebyggende vedlikehold

Hensikten med dette kapitlet er å gi en forståelse av hva som inngår i forebyggende vedlikehold. Kapitlet er tatt med for at boken skal gi en helhetlig introduksjon til alle Lean-strukturene angitt i kapittel 1.

Formalisert forebyggende vedlikehold (FV) handler om strukturer for å oppnå mest mulig oppetid og lengst mulig levetid for maskiner og utstyr i arbeids- og produksjonsprosesser. Forlenget levetid på utstyr bedrer avkastningen på investeringene. Økt planlagt oppetid bidrar til bedret utnyttelse av kapasiteten i prosessene og bedret leveransepresisjon. I industrielle produksjonsprosesser kan bedret leveransepresisjon redusere behovet for bufferlager (før, i og etter prosessene). Figur 12 beskriver forbedringer en ønsker å oppnå gjennom formaliseringen av FV.

Tidligere praksis	Fremtidig praksis
Venter til utstyret feiler.	Forutser og unngår feil.
Gjennomfører FV når det ikke er annet å gjøre.	Har fungerende rutiner for planlagt FV.
Bestiller deler når behovet oppstår.	Har lager med kritiske komponenter.
FV gjøres av faste støtteressurser (utenfor prosessene).	Mest mulig av FV gjøres av medarbeiderne i prosessene.
Bytter ut utstyret når ytelsen er så dårlig at utstyret plutselig må skiftes ut.	Planlegger innkjøp, igangsetting og utfasing.

Figur 12. Før og etter formalisering av FV.

Effektivt FV krever

1. et målesystem for å ha kontroll med utnyttelsen av kapasiteten i delprosesser og ende-til-ende-prosesser. En maskin er et eksempel på en delprosess. En sekvens med maskiner som utgjør en produksjonslinje, er et eksempel på en ende-til-ende-prosess;
2. klart definerte rutiner for planlagt vedlikehold per prosess og delprosess. Eksempler på oppgaver som bør beskrives, er renhold, smøring, bytte av deler, kalibrering og justering;
3. klart definerte rutiner for bestilling, kommunikasjon og gjennomføring av behovsstyrt (ikke planlagt) vedlikehold og feilretting;
4. et IT-basert system som forenkler og effektiviserer arbeidet med planlegging og gjennomføring av FV.

Et OEE-målesystem måler ytelsen for delprosesser og ende-til-ende-prosesser. OEE står for «Overall Equipment Effectiveness». En beregner OEE-ytelsen ved å multiplisere følgende tre variabler: *tilgjengelighet*, *produktivitet* og *kvalitet*. Variablene måles i prosent og beregnes på følgende måte for en hensiktsmessig periode (dag, skift eller uke):

$$Tilgjengelighet = \frac{(planlagt\ produksjonstid)\ -\ stopptid}{(planlagt\ produksjonstid)} \times 100$$

$$Produktivitet = \frac{(antall\ produsert)}{produksjonskapasiteten} \times 100$$

$$Kvalitet = \frac{(antall\ produsert)\ -\ (antall\ defekte)}{(antall\ produsert)} \times 100$$

Stopptiden er den tiden maskinen, utstyret eller prosessen står stille uten at det er planlagt. NEE er en variant av OEE der «planlagt produksjonstid» er erstattet med «totalt tilgjengelig produksjonstid». NEE står for «Net Equipment Effectiveness».

Det bør understrekes at målesystemer for kontroll med prosesser ikke bør designes ut fra et isolert FV-perspektiv, men ivareta behovene til alle viktige interessenter. Design av målesystemer er utenfor rammen av denne boken.

Avdelingslederen bør være ansvarlig for FV i egne prosesser. Det betyr ikke at alt FV må utføres av medarbeiderne i avdelingen. Faste, sentraliserte kompetanseressurser kan ha utførende ansvar for definerte og avtalte vedlikeholdsoppgaver. Hvem som skal gjøre hvilke FV-oppgaver, er gjenstand for diskusjon mellom avdelingslederen og lederen for de sentraliserte vedlikeholdsressursene. Diskusjonene kan inngå i det arbeid som er beskrevet i kapittel 4. Utgangspunktet for diskusjonene er målet om mest mulig selvstyring, men samtidig ivaretakelse av virksomhetens behov for best mulig OEE-verdier. Om flere prosesser potensielt har samtidige behov for sentraliserte FV-ressurser, må det avtales prioriteringsmekanismer.

Et IT-basert system for FV bør ha følgende egenskaper:

- inkludere en database med oversikt over virksomhetens utstyr med tilhørende FV-rutiner (hva, hvordan, når og hvem). Rutinene bør også inkludere krav til nødvendige forberedelser for effektiv gjennomføring av vedlikeholdet.

- inkludere funksjonalitet for planlegging av det forebyggende vedlikeholdet.

- inkludere historie med loggføring av utført vedlikehold, feilretting, reparasjoner, forbedringer og andre endringer

- ha mulighet til å skrive ut statistikker over utført arbeid

- ha mulighet til å angi kritiske komponenter (som virksomheten bør ha et lager av)

- være enkelt å bruke

FV-systemet bør inneholde viktige dokumenter til bruk i ulike faser av utstyrets livssyklus:

1. spesifikasjon av kravene til utstyret. Spesifikasjonen gjenbrukes ved senere anskaffelser;

2. innkjøp av utstyret. Her defineres alt som er viktig for en best mulig gjennomføring av en anskaffelse. Viktige momenter som inngår, vil være krav til leverandører, hvem som er leverandører, og behov for kritiske komponenter;

3. igangsetting av utstyret. Her defineres generelle og utstyrsspesifikke krav i forbindelse med igangsetting;

4. operasjon av utstyret. Her defineres krav til det forebyggende vedlikeholdet og relevante krav til bruk av utstyret. Kompetansekrav inngår i dette;

5. utfasing av utstyret. Her defineres tidspunkt for utfasing av utstyret og hva som skal skje i den forbindelse. Krav og eventuelt prosedyrer ved demontering, fjerning og resirkulering kan inngå.

Arbeidet med FV må ses i sammenheng med arbeidsplassorganiseringen (kapittel 6) og medarbeiderutviklingen (kapittel 9).

FV er normalt knyttet til produksjonsutstyr og andre materielle eiendeler. Det er selvfølgelig ingenting i veien for å utvide det forebyggende vedlikeholdet til å inkludere forebyggende arbeid rettet mot menneskene i prosessene. Hensikten er da å bidra til økt tilgjengelighet (nærvær) og økt tilfredshet hos medarbeiderne.

Plass til notater:

Sven H. Danielsen

Plass til notater:

9. Medarbeiderutvikling

Fremragende resultater krever fremragende medarbeidere i fremragende prosesser. Dette kapitlet handler om avdelingslederens ansvar for å utvikle medarbeidernes kompetanse (kunnskap og ferdigheter). Målet med utviklingen er for det første å kvalifisere medarbeiderne til arbeidsoppgavene i de eksisterende prosessene og for det andre å kvalifisere dem til å delta i videreutviklingen av avdelingen med tilhørende prosesser. Kapitlet er tatt med for at boken skal gi en helhetlig introduksjon til alle Lean-strukturene introdusert i kapittel 1.

Det antas at avdelingen har kartlagt sine prosesser, relasjonene til alle viktige interessenter og kravene til avdelingen (kapittel 4).

Tilnærmingen til medarbeiderutviklingen starter med kartlegging av avdelingens kompetansebehov og kompetansekrav. Dernest kartlegges den nåværende situasjonen. Til slutt defineres aktiviteter for å gjøre avstanden mellom resultatene av de to kartleggingene mindre.

Følgende er et eksempel på trinn i kartleggingen av kompetansebehov og -krav:

1. Kartlegg behov og krav som skal gjelde for alle lederne i avdelingen. Eksempler:
   a. skal forstå virksomhetens verdier, visjon, misjon og ledelsesprinsipper
   b. skal kjenne virksomhetens strategiske mål (på kort og lang sikt)
   c. skal vite hvem avdelingens interessenter er, og forstå deres behov
   d. skal kjenne avdelingens prioriterte strategiske delmål
   e. skal kunne forklare alle initiativer i avdelingens strategiske handlingsplan
   f. skal kunne lede avdelingens arbeid med kontinuerlige forbedringer
   g. skal kunne beskrive Lean Six Sigma-prosjektmetoden og de viktigste verktøyene i metoden
   h. skal kunne utføre alle oppgaver i det standard arbeid som er beskrevet for deres lederfunksjon (kapittel 10)

2. Kartlegg behov og krav som skal gjelde for alle medarbeidere i avdelingen. Eksempler:
   a. skal forstå virksomhetens verdier, visjon, misjon og ledelsesprinsipper
   b. skal kjenne virksomhetens strategiske mål og avdelingens delmål
   c. skal kunne delta og aktivt bidra i avdelingens arbeid med kontinuerlige forbedringer
   d. skal kunne delta og aktivt bidra i Lean Six Sigma-forbedringsprosjekter

3. For hver av avdelingens prosesser (kapittel 4): Kartlegg behov og krav som skal gjelde for lederne. Eksempler:
   a. skal kjenne til og forstå alle viktige interne og eksterne krav til prosessen og dens leveranser (krav til ytelse, lover, forskrifter, standarder med mer). Prosesskundenes behov, forventninger og krav (i dag og om 3–5 år) inngår i dette;

b. skal kjenne de viktigste ende-til-ende-verdistrømmene som prosessen er en del av, samt de tilhørende behovene og kravene;

c. skal kjenne til og forstå prosessens krav til leverandørene og dere leveranser (input til prosessen);

d. skal vite hvordan prosessens aktiviteter påvirker det som behandles/lages i prosessen, eksempelvis hvordan maskinenes variasjon påvirker produktegenskapene;

e. skal vite hvordan prosessen påvirker ytelsen i andre prosesser (i og utenfor virksomheten). Eksempelvis skal leder for utviklingsprosessene vite hvordan produktspesifikasjonene påvirker etterfølgende produksjons-, sammenstillings- og testprosesser.

f. skal vite hvilke prosesser utenfor avdelingen som påvirker ytelsen til egen prosess.

4. For hver av avdelingens prosesser (kapittel 4): Kartlegg behov og krav som skal gjelde for prosessmedarbeiderne/operatørene. Eksempler:

a. skal kjenne (prosess)kundenes og virksomhetens krav til prosessen med hensyn til HMS, kvalitet, leveransepresisjon, effektivitet og produktivitet;

b. skal kjenne til og forstå prosessens krav til input til prosessen;

c. skal ha demonstrert ferdighet i å utføre prosessens arbeidsoppgaver i tråd med behov og krav. Sertifiseringskrav kan inngå i dette;

d. skal vite hvordan prosessens aktiviteter påvirker det som behandles/lages i prosessen, eksempelvis hvordan maskinenes variasjon påvirker produktegenskapene;

e. skal vite hvordan prosessens aktiviteter påvirker ytelsen i andre prosesser.

Kartleggingen av kompetansebehovet bør også omfatte krav til antall personer som skal ha en gitt kompetanse. For at en skal kunne flytte ressurser mellom prosesser ved behov, bør antallet personer med en definert, kritisk kompetanse være større enn behovet i en normalsituasjon. Dette gjelder også for lederkompetanse. Lederne skal ha stedfortredere, slik at standard ledelsesoppgaver kan gjennomføres uten ytelsestap ved fravær.

Etter kartlegging av behov og krav kartlegges den nåværende situasjonen. Avdelingslederen er ansvarlig for å definere aktiviteter for å gjøre kompetanseavstanden som da identifiseres, mindre. Aktivitetene vil handle ikke bare om kurs, men også om planlagt trening av ferdigheter, endringer i samarbeid og involvering for å bedre den løpende «flyten» av kunnskap mellom medarbeiderne.

HR-avdelingen er en naturlig støtteressurs i arbeidet med å standardisere kompetansekartleggingen, gjøre kompetanseavstanden mindre og ha kontroll med hvem som har hvilken kompetanse. I de tilfeller der kompetanseutviklingen har høy (strategisk) prioritet, bør resultat av kartleggingene lede til kompetansemål som inkluderes i avdelingens strategiske handlingsplan og TIP (kapittel 7 og 14).

Det langsiktige behovet for kompetanse i avdelingen kan kartlegges med samme tilnærming som den benyttet over. Dette arbeidet bør gjøres årlig i forbindelse med oppdateringen av avdelingens strategiske handlingsplan (kapittel 14).

10. Lederens standard arbeid

Hensikten med dette kapitlet er å gi en forståelse av hva som inngår i lederens standard arbeid. Kapitlet er tatt med for at boken skal gi en helhetlig introduksjon til alle Lean-strukturene angitt i kapittel 1.

Ledernes aktiviteter (det de gjør, men også det de ikke gjør) påvirker i stor grad ytelsen i prosessene. Lederens standard arbeid er spesifiserte aktiviteter som lederen skal gjøre for

1. å sikre at prosessene gjennomføres og yter i tråd med hensikt og krav
2. å sikre at prosessene forbedres og medarbeiderne utvikles
3. å sikre definert tilnærming ved uforutsette hendelser og situasjoner
4. å vise synlighet, interesse og tilstedeværelse for sine medarbeidere

Ett eksempel på punkt 3 over er pålagt fremgangsmåte ved en fraværsskade (HMS-relatert hendelse). Et annet er fremgangsmåte ved en uønsket hendelse i sluttkundemarkedet knyttet til virksomhetens produkter.

Punkt 2 og 4 forteller at lederens standard arbeid også omfatter «myke» aktiviteter der medarbeiderne er i fokus. Når slike aktiviteter utføres på en god måte, vil medarbeidernes trygghet øke, og medarbeiderne vil føle seg viktige for virksomheten og gi uformelle tilbakemeldinger og innspill til lederen.

En oversikt over den enkelte leders standard arbeid bør

1. baseres på en felles mal som virksomheten har utviklet;
2. være begrenset til de viktigste oppgavene;
3. utvikles og forvaltes av den enkelte leder i samarbeid med nærmeste leder og medarbeiderne. Avhengig av type virksomhet og ansvarsområde bør endringer i standard arbeid godkjennes av nærmeste leder;
4. være lett tilgjengelig for alle, slik at det er forutsigbarhet for medarbeidere og andre ledere;
5. være tydelig på om aktivitetene er av typen «skal» eller «bør»;
6. skille mellom kalenderaktiviteter (med dato og eventuelt tidspunkt), aktiviteter som bør gjøres med en viss hyppighet, og aktiviteter som skal eller bør utføres ved behov – eksempelvis ved uønskede hendelser.

Kapittel 3–9 handler om viktige strukturer for kontroll og utvikling av virksomheten. Mange av disse strukturene krever ledernes deltakelse og/eller oppfølging for å fungere etter hensikten. Kapitlene gir derfor innspill på viktige lederaktiviteter som bør beskrives som lederens standard arbeid. Følgende er noen eksempler på standard arbeid:

1. skal: delta på avdelingens morgenmøte kl. 08.15 hver dag;
2. skal: delta på supply-chain-morgenmøte kl. 9.00 hver dag;
3. skal: delta på ledermøte fredag kl. 11.00;
4. bør: gjennomføre forberedt tur ut i prosessene for å se, lytte, forstå og motivere ukentlig;

5.   skal: benytte spesifisert fremgangsmåte (rutine) i forbindelse med fraværsskader;

6.   skal: utarbeide forslag til A3-strategiplan for enheten innen 1. oktober;

7.   skal: presentere status for TIP (kapittel 7) for øverste leder fredag kl. 10. Tavla skal
     være oppdatert, og nødvendige korrektive tiltak skal være forberedt før møtet;

8.   bør: gjennomføre månedlige avdelingsmøter med alle medarbeidere;

9.   skal: gå igjennom endringer i avdelingens interessenter og oppdatere kravene til
     avdelingen (kapittel 4) minst årlig;

10. skal: gjennomføre en-til-en-medarbeidersamtaler i tråd med interne retningslinjer
     minst årlig.

Innholdet i lederens standard arbeid bør beskrives i ytterligere detalj for å fungere som
en operativ støtte.

Oversikten over lederens standard arbeid bidrar til å sikre kontinuiteten i forbindelse
med lederskifter. Oversikten gjør det også lettere for ledernes stedfortredere å ta over
ansvaret når behovet oppstår. Mer informasjon om innholdet i lederens standard arbeid
finnes i boken (18).

Plass til notater:

11. Evaluering av prosesser

Avdelingenes hovedprosesser evalueres og forbedres gjennom strukturene for kontinuerlige forbedringer (kapittel 7). Dette korte kapitlet introduserer egenevaluering og forbedring som aktivitet også i formelle, «mindre» prosesser. Eksempler på slike mindre prosesser er standardiserte ledermøter, salgsmøter, workshops, medarbeidersamtaler, rengjøringsprosedyrer og sikkerhetsprosedyrer.

Et prosessevalueringsskjema (PE-skjema) er en mal med en enkel oppbygning som konkretiserer innholdet i evalueringen. PE-skjemaet lages med utgangspunkt i prosessbeskrivelsen og angir faktorer som skal vurderes. Faktorene er valgt fordi de i vesentlig grad påvirker prosessens gjennomføring og mulighet til å innfri kravene til leveransene.

Egenevalueringen kan gjennomføres hver gang, med en hensiktsmessig regelmessighet eller når det er et tydelig behov. For å sikre et best mulig resultat bør en gjøre evalueringen løpende mens prosessen foregår. Resultatet diskuteres med de involverte, og den ansvarlige for prosessen beslutter nødvendige tiltak.

Et eksempel kan illustrere gjennomføringen av egenevalueringen. La oss anta at prosessen er et morgenmøte på teamnivå. Ved oppstart gir møteleder en av deltakerne ansvar for å gjøre en løpende evaluering med utgangspunkt i et PE-skjema for denne møteprosessen. Utfylt skjema gjennomgås før møtet avsluttes. Dersom det er noe å påpeke, diskuteres og besluttes korrektive tiltak. Evalueringen med tilhørende tiltak legges ved møtereferatet.

PE-skjemaet for morgenmøtet kan inneholde følgende spørsmål (faktorer):

1. Var tavlas oppsett (struktur) i henhold til standarden ved møtestart?
2. Var tavlene oppdatert ved møtestart?
3. Var alle deltakerne på plass og klare ved planlagt møtestart?
4. Startet møtet til planlagt tid?
5. Var deltakerne forberedt i tråd med innkalling?
6. Ble møtets agenda fulgt?
7. Ble alle agendapunkter behandlet?
8. Ble møtet avsluttet til planlagt tid?
9. Ble alle deltakerne involvert?
10. Ble møtets hensikt oppnådd?
11. Ble møtereglene for ønsket «adferd» overholdt?

Sven H. Danielsen

Plass til notater:

12. Verdistrømskartlegging

Verdistrømskart kan betraktes som prosesskart som inkluderer fakta og informasjonsflyt. Kartlegging av verdistrømmer (VSM = Value Stream Mapping) er aktuelt i flere sammenhenger:

1. når virksomheten i det strategiske arbeidet skal kople strategiske mål til delmål i prosessene
2. når produktansvarlige, leveranseansvarlige eller kundeansvarlige skal kartlegge hvor årsaker til mangelfull kundeopplevd ytelse (kvalitet, ledetid, gjennomløpstid, ressurseffektivitet, kostnader) oppstår
3. når Lean Six Sigma-forbedringsprosjekter har behov for å visualisere og forstå ende-til-ende-sammenhenger for deretter å fokusere sine aktiviteter
4. når virksomheten i arbeidet med å utvikle leverandørene selv aktivt går inn i leverandørenes prosesser for å oppnå raskest mulig bedring av ytelsen på leveransen
5. når avdelingslederen og medarbeiderne skal identifisere delproblemer i egne prosesser for å fokusere arbeidet med kontinuerlige forbedringer (kapittel 7)

Den opprinnelige definisjonen på en verdistrøm er «alle aktiviteter, verdiøkende og ikke-verdiøkende, som kreves for at en skal bringe et produkt fra konsept til lansering og fra ordre til leveranse». Verdistrømskart kan også benyttes for kartlegging av andre typer «objekter» enn produkter. Definisjonen av verdistrømmer må da tilpasses typen «objekt» som kartlegges. Eksempelvis vil en verdistrøm for et pasientforløp kunne defineres som «alle aktiviteter, verdiøkende og ikke verdiøkende, som kreves fra diagnostisering til avsluttet behandling». Verdistrømskart kan benyttes for hele eller deler av den komplette ende-til-ende-verdistrømmen.

Det er viktig å merke seg at verdistrømskartlegging er begrenset til en type objekt eller en familie av lignende objekter som behandles/realiseres gjennom de samme prosesstrinnene. Det enkelte prosesstrinn i en gitt verdistrøm vil i mange tilfeller også «behandle» objekter som inngår i andre verdistrømmer. Eksempelvis vil prosesstrinnet «bildediagnostisering» på et sykehus håndtere mange pasientforløp. Det er således viktig at en verdistrømforbedring ikke utilsiktet går på bekostning av andre verdistrømmer. Avdelingslederne er ansvarlige for «sine prosesser» (kapittel 4) og dermed også ansvarlige for at dette ikke skjer. En avdelingsleder som er ansvarlig for et prosesstrinn som er en kapasitetsmessig flaskehals, skal sørge for besluttede prioriteringsmekanismer og kjøreplaner som gjelder for alle prosessens kunder (herunder verdistrømmer).

Hva er så forskjellen på verdistrømskart og tradisjonelle prosesskart? Tradisjonelle flytskjemaer og funksjonsflytskjemaer viser beslutninger og detaljer i flyten av objekter. I standardutformingen har disse verktøyene ikke støtte for (a) køer og lager, (b) symboler som definerer hvordan flyten mellom prosesstrinn foregår og reguleres, (c) fakta som karakteriserer køer, lager, prosesstrinn, kunder, leverandører, (d) visualisering av prosessens gjennomløpstid eller (e) visualisering av informasjonsflyt som prosesstrinnene behøver for å starte og operere. Verdistrømskart har støtte for disse punktene, men er derimot ikke like egnet til å kartlegge beslutningspunkter og detaljert flyt. Tradisjonelle kartleggingsverktøy kan derfor benyttes som et supplement til verdistrømskart når det er viktig å forstå detaljene i de prosesstrinnene som visualiseres i verdistrømskartet.

Eksempler på verdistrømmer er

1. eggets vei fra buret i klekkeriet til kjøledisken i butikken

2. pasientens vei fra han ankommer til akuttmottaket, til han er friskmeldt hos lege i primærhelsetjenesten

3. byggesøknadens vei fra byggherre til endelig godkjenning hos kommunen

4. sekvensen av prosesstrinn mellom inngående varelager og utgående ferdigvarelager som skal til for å produsere, sammenstille, teste og pakke varmtvannsberedere av typen «Maxi Turbo»

Legg merke til at de tre første eksemplene over beskriver verdistrømmer der det objektet som går inn, er det samme som det som kommer ut. I eksempel 4 vil det være parallelle mindre verdistrømmer som leverer delprodukter som settes sammen på ulike punkter på veien mot ferdig sluttprodukt (varmtvannsbereder). Et komplett verdistrømskart for varmtvannsberederne vil derfor ha en trestruktur (dreid +90 grader) der hver gren kan betraktes som en del av den totale verdistrømmen. Prosesstrinnene i trestrukturen kan også ha koplinger (informasjon eller objekter) på tvers av grenene. Det kan være veldig tidkrevende å kartlegge alle disse grenene. For å avgrense omfanget bør en derfor begynne kartleggingen med en fokusert og klar hensikt. Eksempler kan være (a) å finne ut hvor årsakene til lang gjennomløpstid ligger, og (b) å finne ut hvor flaskehalsene for produksjonskapasiteten ligger.

Kartleggingen av verdistrømmer med «trestruktur» bør starte med slutten og gå bakover (oppstrøms). For hvert knutepunkt (for sammensetning) vurderes hvilken eller hvilke verdistrømmer som skal følges videre. Slik fortsetter det til hensikten med kartleggingen er nådd.

Et mer detaljert forslag til fremgangsmåte for verdistrømskartlegging i arbeidet med kontinuerlige forbedringer (kapittel 7) og forbedringsprosjekter (kapittel 2) er følgende:

1. Velg hvilken type «objekt» som skal kartlegges. En bør benytte fakta for å velge riktig.

2. Konkretiser og avgrens hensikten med kartleggingen. Heng denne opp slik at den er tydelig for alle som skal delta i kartleggingen. En klar og avgrenset hensikt vil gjøre det lettere å begrense og fokusere diskusjoner.

3. Definer verdistrømmens stopp, eksempelvis «produkt ferdig pakket».

4. Dersom det er en enkelt sekvens av prosesstrinn (og ikke flere parallelle kjeder): Definer også verdistrømmens start.

5. Start kartleggingen med kunden og kundebehovet (gå deretter oppstrøms i verdistrømmen).

6. Tegn inn viktige prosesstrinn, symboler som viser hvordan objektene flyter mellom prosesstrinn, relevant informasjonsflyt, symboler som viser relevante lager, relevante leverandører og faktabokser. Faktaboksene knyttes som regel til prosesstrinnene. Bruk gjerne brunpapir for visualisering, og heng dette på veggen. Vær forberedt på endringer.

7. Tegn inn en tidslinje under verdistrømskartet. Tidslinjen skal ha et høyt og et lavt nivå. Høyt nivå forteller om verdiøkende aktivitet (eksempelvis behandling av objekt). Lavt nivå forteller om ikke-verdiøkende aktivitet (eksempelvis venting i kø for å få behandling).

8. Med utgangspunkt i hensikten med kartleggingen: Identifiser viktige variabler som en ønsker å karakterisere/tallfeste. Variablene angis i faktaboksene som er knyttet til VSM-symbolene i verdistrømskartet.

9. Om nødvendig: Prioriter variabler som skal måles.

10. Planlegg og sett i gang datainnsamlingen.

11. Hvis mulig og hensiktsmessig: «Gå prosessen motstrøms.» Observer og snakk med dem som jobber i prosessen, om problemer, muligheter, ytelse, hvordan det bestilles, og hvordan det leveres og lagres. Noter det som faktisk observeres og sies.

12. Oppdater verdistrømskartet med fakta fra datainnsamlingen og gjennomgangen av prosessen.

13. Prioriter delproblemer i verdistrømmen, og visualiser dem som «stjerner» i verdistrømskartet. Disse delproblemene representerer «sløsing» som i neste omgang skal fjernes.

Figur 13 viser et eksempel på et enkelt verdistrømskart.

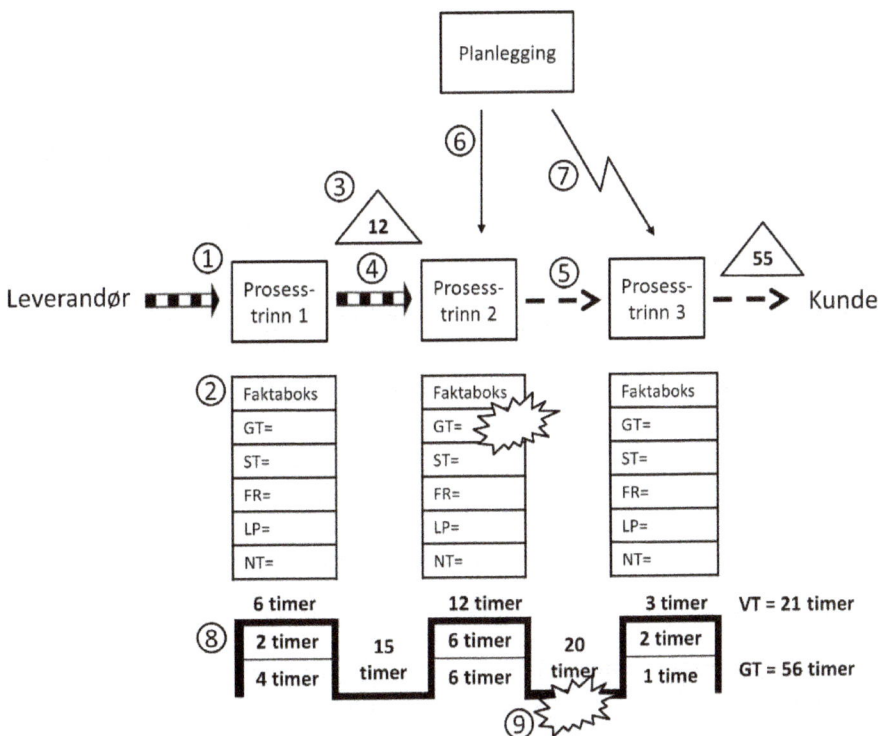

Figur 13. Enkelt verdistrømskart.

Symbolene i figuren har følgende beskrivelse:

- Symbol [1]: Prosesstrinn. Prosesstrinnets navn skrives i rektanglet.

- Symbol [2]: Faktaboks. Hvert prosesstrinn har en tilhørende faktaboks. I faktaboksen angis viktige variabler som karakteriserer ytelsen. Eksempler er *gjennomløpstid (GT)*, *syklustid (ST)*, *feilrate (FR)*, *leveransepresisjon (LP)* og *nedetid (NT)*. To vanlige parametere for å karakterisere ytelsen til variablene er gjennomsnitt og varians (mål på variasjon).

- Symbol [3]: Lager. Når det ikke er kontinuerlig flyt, kan det danne seg lagre mellom prosesstrinn. En trekant kan brukes til å angi lager. I Lean-litteraturen finnes det ulike symboler for ulike typer lagre. Størrelse på lageret (kroner og/eller antall) bør angis i forbindelse med symbolet.

- Symbol [4] og [5]: Push- og pull-flyt. Når det ikke er kontinuerlig flyt mellom to prosesstrinn, vil objekter enten (a) produseres og sendes videre uavhengig av behovet i det etterfølgende trinnet eller (b) produseres og sendes videre etter en bestilling fra neste trinn. Førstnevnte kalles for push-flyt og sistnevnte for pull-flyt. Push-flyt markeres med en tykk stiplet pil [4]. Pull-flyt markeres med en tynn stiplet pil [5]. Pilene kan kombineres med symboler som beskriver hvordan «bestillingen» foregår, og hvordan trinnene synkroniserer behov og leveranse. Mer informasjon om flyt og bestillingsmekanismer finnes i bøkene (15), (19) og (20).

- Symbol [6] og [7]: Manuell og elektronisk informasjon. Prosesstrinnene kan ha behov for informasjon fra eksterne systemer for å starte og operere. Flyt av viktig informasjon til og mellom prosesstrinn, kunder og leverandører tegnes inn i kartet. Om informasjonen formidles manuelt (for eksempel muntlig), benyttes en rett pil [6]. Om informasjonen formidles elektronisk, benyttes en pil med form som vist («lyn») [7].

- Symbol [8]: Tidslinje. Gjennomløpstiden og den verdiøkende andelen av denne er viktig informasjon som ønskes visualisert. Gjennomløpstiden forteller hvor lang tid det tar for et objekt å bevege seg gjennom verdistrømmen. Tidslinjen visualiserer gjennomløpstiden. Det øverste nivået angir gjennomløpstiden brukt på verdiøkende aktiviteter. Det nederste nivået angir tiden brukt på ikke-verdiøkende aktiviteter (eksempelvis venting/kø/lager). Verdiøkende aktiviteter har ofte også potensial for forbedring. Om det er viktig å visualisere dette, kan de verdiøkende aktivitetene splittes i rent verdiøkende og ikke-verdiøkende tid. Dette er vist i prosesstrinn 1, der to av totalt seks timer er rent verdiøkende. For hele verdistrømmen viser figuren at gjennomløpstiden (GT) er 56 timer, hvorav tiden brukt på de verdiøkende aktivitetene (VT) utgjør 21 timer. Avstander (transport, bevegelse) og/eller arealbruk mellom prosesstrinn kan på tilsvarende måte visualiseres ved hjelp av en linje med tall parallelt med verdistrømmen.

- Symbol [9]: Forbedringsmulighet. Når verdistrømskartleggingen er gjennomført, benyttes fakta til å visualisere prioriterte forbedringsmuligheter ved hjelp av «stjerner».

Figur 13 omfatter ikke alle verdistrømssymboler. Symbolbruken bør tilpasses behovet og kompetansen hos personene som gjennomfører kartleggingen. Husk i denne sammenhengen Lean-ledelsesprinsippet «gjør det enkelt». Mer komplette beskrivelser av verdistrømskartlegging finnes i bøkene (15), (19) og (20).

13. A3-problemløsning

Dette kapitlet gir en overordnet beskrivelse av metode og verktøy for å løse problemer der rotårsaksanalyse er påkrevet. Metoden, «A3-problemløsning», svarer både på hva som skal gjøres, og hvordan det skal gjøres. Den kan derfor etableres som en standard og brukes ved uønskede hendelser, i det daglige operative arbeidet og i arbeidet med kontinuerlige forbedringer (kapittel 7). «A3» refererer til det fysiske (papir)formatet som setter begrensninger for omfanget av dokumentasjonen knyttet til problemløsningen.

Det er flere fordeler med å standardisere problemløsningen:

1. Det bidrar til god og effektiv gjennomføring.
2. Det skaper forutsigbarhet for alle som skal delta i aktiviteten, og øvrige interessenter.
3. Det forenkler opplæring.
4. Det forenkler oppfølging, veiledning, kommunikasjon og dokumentasjon.
5. Det muliggjør gjenbruk av metoder, verktøy og resultater.

Metoden som beskrives under, er en nedskalert versjon av Lean Six Sigma-metoden DMAIC (1). Medarbeidere og ledere vil dermed trenes i den samme metoden som benyttes i forbedringsprosjekter.

Trinnene i A3-problemløsningsmetoden er følgende:

1. Beskriv problemet og dagens situasjon.
2. Ved uønskede hendelser: Gjennomfør midlertidige strakstiltak for å begrense omfang og/eller konsekvenser av problemet.
3. Beskriv hvor det finnes viktige årsaker, og hvem som er interessentene.
4. Beskriv målene for problemløsningsaktiviteten (interessentenes krav).
5. Finn de viktigste rotårsakene til problemet.
6. Vurder alternative løsninger for rotårsakene.
7. Velg løsninger med utgangspunkt i kriterier.
8. Implementer løsningene.
9. Følg opp og gjør nødvendige justeringer.
10. Mål og dokumenter forbedringen.
11. Standardiser løsninger (og nye ansvar).
12. Evaluer gjennomføringen av aktiviteten.

Trinn 2 er tatt med slik at metoden også kan benyttes ved hendelser som krever rask reaksjon for å begrense omfang av problemet og/eller konsekvenser av problemet.

Viktige resultater fra problemløsningen skal beskrives i en tilhørende A3-mal. Figur 14 viser et forslag til felter i en slik mal. I tillegg kommer felter for administrativ informasjon, som problemeier, avdeling, dokumentversjon, team og dato.

Mange velger å bruke den venstre halvdelen av A3-dokumentet til «dagens situasjon» og den høyre siden til «den fremtidige situasjonen».

Felt 1) Tittel på problemløsningsaktiviteten:	
Felt 2) Strakstiltak (kun ved hendelser som krever det):	
Felt 3) Bakgrunn/Problembeskrivelse:	Felt 7) Løsninger, kostnader, risiko, gevinster:
Felt 4) Hvor finnes viktige årsaker og hvem er interessenter:	Felt 8) Fremdriftsplan:
Felt 5) Interessentenes krav (mål):	Felt 9) Tiltak for å sikre varighet:
Felt 6) Årsaksanalyse:	Felt 10) Oppnådde forbedringer og gevinster:

Figur 14. Illustrasjon av felter i en mal for A3-problemløsning.

Det er utenfor rammen av denne boken å gå i detalj med hensyn til metoder og verktøy i A3-problemløsningen. Jeg vil likevel ta med en beskrivelse av feltene i Figur 14. Detaljer om verktøy og metoder finnes i boken (1).

I felt 1 angis tittelen på A3-aktiviteten. Tittelen er en kort og presis setning som beskriver hva aktiviteten har til hensikt å oppnå. Et eksempel kan være «øke effektiviteten i behandlingen av servicesaker».

Felt 2 benyttes kun ved hendelser som krever strakstiltak før gjennomføring av årsaksanalysen. Strakstiltakene har til hensikt å begrense problemet eller konsekvensene av problemet. Strakstiltakene kan være midlertidige løsninger som gjelder frem til rotårsakene er forstått og tilhørende varige løsninger er utviklet. Før strakstiltakene settes i verk, må det vurderes om de er tilstrekkelige, og om det er risiko for at de får andre uønskede konsekvenser.

I felt 3 beskrives problemet som skal løses, og eventuelt bakgrunnen for valget. Om A3-aktiviteten er et resultat av en helhetlig analyse med tilhørende prioritering, kan dette feltet gi en oppsummering (bakgrunn) i tillegg til problembeskrivelsen. Problembeskrivelsen skal være løsningsnøytral og kan gjerne fortelle om uønskede konsekvenser av problemet.

I felt 4 beskrives hvor de antatt viktigste årsakene til problemet finnes, og hvem som er de viktigste interessentene. Med «hvor» menes for eksempel i hvilken prosess, i hvilken verdistrøm, på hvilket arbeidsområde, i hvilket produkt eller i hvilket system. Aktuelle visuelle verktøy for å beskrive og avgrense svaret på «hvor» er LIPOK (kapittel 4), verdistrømskart (kapittel 12), plantegninger samt trestrukturer som dekomponerer systemer og produkter.

Hensikten med å svare på «hvor» er (a) å identifisere de viktigste interessentene som har krav og forventninger til målene for aktiviteten, (b) å avgrense omfanget av forbedringsaktiviteten, (c) å sikre at den rette kompetansen er med i teamet, og (d) å forenkle kommunikasjonen med viktige interessenter.

I felt 5 beskrives målene som skal oppnås gjennom problemløsningsaktiviteten. Målene konkretiserer problemene og definerer samtidig kriteriene for å vurdere om problemløsningsaktiviteten var vellykket. Det er interessentene angitt i foregående felt som direkte eller indirekte har krav til målene som defineres. I noen HMS-relaterte hendelser vil myndigheter og lovverket være interessenter. Om det er uklart hva målene skal være, skal teamet ut i prosessene for å observere, lytte, snakke og dermed forstå krav, behov og forventninger. Resultatet skal konkretiseres i prioriterte variabler med tilhørende mål. Eksempler på variabler er *HMS-risiko*, *defektandel*, *stopptid*, *leveransepresisjon*, *gjennomløpstid*, *ressurseffektivitet* og *produktivitet*. Om variabelen er *gjennomløpstid* for en søknad, kan målet/kravet være «mindre enn to timer». Kravtreet (kapittel 4) er et visuelt verktøy for å konkretisere problembeskrivelsen i variabler og mål. Det kan også være aktuelt å beskrive målbildet i dette feltet. Målbildet er en tekst som beskriver det ønskede fremtidsbildet (hva som er annerledes), etter vellykket gjennomføring av A3-aktiviteten. Om det er hensiktsmessig, angis variabelen eller variablene som skal forbedres, allerede i problembeskrivelsen.

I felt 6 beskrives de antatt viktigste rotårsakene til problemet. I felt 5 ble problemet konkretisert i form av variabler med tilhørende mål. Teamet skal deretter finne frem til årsakene til mangelfull ytelse for hver variabel. Om flere variabler skal forbedres, skal teamet altså kartlegge rotårsakene til hver av dem. Målinger, dataanalyse, prosesskartlegging, diskusjoner, intervjuer, observasjoner, videokamera, votering og planlagte forsøk er mulige verktøy for å finne frem til rotårsakene. Fiskebeinsdiagram er et egnet verktøy for å visualisere årsak og virkning. Årsak–virkning-sammenhengene i diagrammet kan utvikles ved hjelp av en tilnærming som kalles «5xhvorfor». Fiskebeinsdiagram og 5xhvorfor er beskrevet i (1) og (17).

I felt 7 beskrives de valgte løsningene (for de prioriterte rotårsakene). Før teamet konkluderer, skal alternativer vurderes. Hensikten er å sikre at en velger de totalt sett beste løsningene på kort og lang sikt. Kriterier og eventuell vekting av kriterier som ligger til grunn for valgene, bør angis. Avhengig av typen løsninger kan det være nødvendig å vurdere risiko. Risikoen kan for eksempel være knyttet til HMS, kvalitet, økonomi og/eller fremdrift. Konklusjonen på risikoanalysen skal angis. Med utgangspunkt i løsningene kan teamet lettere vurdere de potensielle gevinstene (økonomiske og andre) av forbedringene. Dersom det er hensiktsmessig, bør sannsynlige gevinster angis. Boken (1) beskriver tilnærming til risikoanalyse, prioritering av løsninger og vurdering av gevinster.

I felt 8 beskrives fremdriftsplanen med status. Planen kan utformes som en enkel tabell med kolonner for beskrivelse av aktivitet, navn på ansvarlige, frist for gjennomføring og status. Fremdriftsplanen oppdateres løpende. Vesentlige avvik i progresjonen i forhold til plan skal være input til evalueringen av gjennomføringen (kapittel 11).

I felt 9 beskrives hvilke tiltak utover løsningene i felt 6 som kreves for at en skal sikre at problemet ikke dukker opp igjen. Nye ansvar, endringer i målesystemer, endringer i rapporter, standardisering, dokumentasjon og opplæring er stikkord i denne sammenheng.

I felt 10 angis oppnådde forbedringer, økonomiske gevinster og andre gevinster. Andre gevinster kan for eksempel være bedret medarbeidertilfredshet, bedret kundetilfredshet og bedret ytelse i andre prosesser/avdelinger. Mulig gjenbruk av resultatene i andre avdelinger, i andre prosesser eller for andre produkter kan angis som potensielle gevinster. Om mulig bør oppnådde forbedringer visualiseres ved hjelp av grafer med før/etter-perspektiv. Om forbedringene er vesentlig forskjellige fra målet, bør årsakene diskuteres i evalueringen av gjennomføringen.

I tråd med Lean-ledelsesprinsippet «gjør det visuelt» (kapittel 3) skal problemløsningen gjennomføres med støtte i visuelle verktøy. Prosesskart, verdistrømskart, fiskebeinsdiagram, grafer og bilder er eksempler på slike visuelle verktøy. Teamet og problemeier bør vurdere om de visuelle verktøyene eller bare konklusjonene skal tas med i A3-dokumentet. Inkludering av figurer kan kreve en miniatyrisering som ødelegger for lesbarheten. Viktige figurer som ikke tas med i A3-dokumentet, kan da være vedlegg.

Selv om A3-dokumentet er definert som en mal, kan det være nødvendig å gjøre tilpasninger til problemet som skal løses. Felter kan fjernes, og nye kan legges til. Om teamet ønsker å frigjøre mest mulig plass til selve problemløsningen, er det en mulighet å flytte felter med administrativ informasjon og aktivitetsstyring til en egen A3.

Flere detaljer om trinnene i problemløsning og bruken av viktige problemløsningsverktøy finnes i bøkene (1), (21) og (22).

Plass til notater:

14. Strategisk handlingsplan

I forbindelse med virksomhetens strategiarbeid oppdaterer avdelingene (minst) årlig sine strategiske handlingsplaner (2). I planene angis prioriterte nøkkelvariabler som en må forbedre. Nøkkelvariablene karakteriserer avdelingens ytelse og er «synlige» når interessentene betrakter avdelingen og avdelingens prosesser utenfra. Hver nøkkelvariabel har et tilhørende mål og én eller flere tilhørende initiativer som skal gjennomføres for måloppnåelse. For å få en visuell og logisk kopling til de eksisterende operative strukturene for implementering deles initiativene inn i fire kategorier. Én kategori er «forbedringsprosjekt». Denne typen initiativer beskrives på en standardisert mal for prosjektbeskrivelser (*project charter*). Forbedringsprosjekter skal godkjennes og implementeres gjennom strukturene for forbedringsprosjekter (1). En annen er «kontinuerlige forbedringer». Denne typen initiativer blir senere detaljert og implementert gjennom avdelingens strukturer for kontinuerlige forbedringer (kapittel 7). En tredje kategori er «andre prosjekter». Dette er prosjekter som virksomheten har vurdert som ikke hensiktsmessig å implementere gjennom strukturene for forbedringsprosjekter. Eksempler er byggeprosjekter, oppkjøp av virksomheter og implementering av IT-systemer. Virksomheten skal ha egne strukturer for godkjennelse, implementering og oppfølging av slike prosjekter. En fjerde kategori er «andre linje-initiativer». Disse implementeres gjennom standardiserte strukturer for dag-til-dag-aktivitetsstyring i avdelingen. Denne typen initiativer er altså ikke av typen prosjekt og er heller ikke egnet til implementering gjennom strukturene for kontinuerlige forbedringer. Eksempler på slike initiativer er flytting av avdelingen, rekruttering av nye medarbeidere og utvikling av et nytt produkt.

Figur 15 viser et forslag til innhold i en strategisk handlingsplan (A3). Kolonnene har følgende forklaringer:

1. Strategisk variabel (SV): Her angis virksomhetens strategiske variabler som er relevante for avdelingen. En SV er relevant dersom én eller flere av avdelingens nøkkelvariabler er viktige drivere.

2. Nøkkelvariabel (NV): Her angis avdelingens prioriterte nøkkelvariabler.

3. Ytelse i dag: Her angis ytelsen slik den er i dag for hver NV.

4. Mål: Her angis målet for hver NV.

5. Initiativ: Her angis navn på de initiativene en skal gjennomføre for å nå målene.

6. Type initiativ: Her angis hvilken kategori initiativene tilhører.

7. ID: Her angis et identifikasjonsnummer for hvert initiativ. Identifikasjonsnummeret benytter en for å etablere en kopling til underliggende aktiviteter. Se TIP, kapittel 7.

8. Ansvarlig: Her angis den personen/funksjonen som er ansvarlig for vellykket gjennomføring av det enkelte initiativ.

9. Start: Her angis planlagt start for hvert initiativ.

10. Slutt: Her angis planlagt slutt for hvert initiativ.

11. Risiko: Her angis risikoen for ikke å lykkes for hvert initiativ (bør angis både i prosent og med en fargekode).

12. Status: Her angis status for fremdriften til hvert initiativ.

Strategisk variabel	Nøkkel- variabel	Ytelse i dag	Mål	Initiativ	Type initiativ	ID	Ansvarlig	Start	Slutt	Risiko	Status

Figur 15. Mal for strategisk handlingsplan.

Bøkene (2) og (12) gir innspill på hvordan virksomheten kan formalisere arbeidet med å utvikle og implementere handlingsplaner. Boken (1) beskriver hvordan virksomheten kan definere, gjennomføre og dokumentere forbedringsprosjekter.

Plass til notater:

15. Brainwriting

Brainwriting er et hyppig brukt verktøy for idégenerering. Fordelen med denne teknikken er at alle som deltar, får tid til å tenke seg om og utarbeide egne forslag uten å forstyrres eller påvirkes. Alle blir hørt uavhengig av posisjon, erfaring, kjønn, alder og språkkunnskaper.

For å oppnå et best mulig resultat må møteleder sikre at alle deltakerne forstår hensikten med brainwritingen. Trinnene i gjennomføringen vil normalt være følgende:

1. Møteleder går igjennom hensikten.

2. Møteleder forklarer fremgangsmåten (påfølgende trinn).

3. Deltakerne formulerer sine forslag/ideer med tydelig skrift på gule lapper (én idé per lapp). Dette skal gjøres stille.

4. Møteleder samler inn alle forslag/ideer.

5. Møteleder går igjennom hver gul lapp, leser den høyt, forsikrer seg om at alle forstår innholdet, og plasserer den på tavla. I dette arbeidet fjernes dubletter, og lappene organiseres i kategorier. Om det er behov for endringer i teksten (for eksempel presiseringer og skriftstørrelse), gjør møteleder dette som en del av gjennomgangen.

6. Møteleder engasjerer deretter alle i en diskusjon om resultatet for å bygge felles forståelse og få frem ytterligere ideer og nyanser.

7. Møteleder strukturerer resultatet.

8. Om relevant: Deltakerne prioriterer alternativer.

Bibliografi

1. **Danielsen, Sven H.** *Produser Resultater! – Bok 1: Fremragende forbedringsprosjekter ved hjelp av Lean Six Sigma.* 2. s.l. : Aksena Press, 2016. ISBN 978-82-998783-7-1.

2. **—.** *Produser Resultater! - bok 3: Fremragende utvikling og implementering av strategiske handlingsplaner.* 1. 2016. ISBN 978-82-998783-5-7.

3. **Collins, Jim.** *Good to Great.* ISBN 82-1500194-7.

4. **Collins, Jim og Porras, Jerry I.** *Built to Last.* 2004. ISBN 9781844135844.

5. **Collins, Jim og Hansen, Morten T.** *Great By Choice.* 2011. ISBN 978-1847940889.

6. **Dennis, Pascal.** *Lean Production Simplified.* 2007. ISBN 1-56327-262-8.

7. **Krafcik, John F.** Triumph of the Lean Production System. *Sloan Management Review.* 30, 1988, 1.

8. **Mascitelli, Ronald.** *The Lean Product Development Guidebook.* 2007. ISBN-978-0-9662697-3-4.

9. **Rath & Strong.** *Six Sigma leadership handbook.* [red.] Thomas Bertels. 2003. ISBN 0-471-25124-0.

10. **Rath and Strong.** *Six Sigma pocket guide, revised edition.* 2006. ISBN 0974632872.

11. **Steen Jensen, Ingebrigt.** *Ona Fyr.* 2002. ISBN 82-8071-033-7.

12. **Dennis, Pascal.** *Getting the Right Things Done.* 2006. ISBN 0-9763152-6-2.

13. **Harris, Rick, Harris, Chris og Wilson, Earl.** *Making Materials Flow.* 2003. ISBN 0-9741824-9-4.

14. **Rother, Mike og Harris, Rick.** *Creating Continuous Flow.* 2001. ISBN 0-9667843-3-2.

15. **Rother, Mike og Shook, John.** *Learning to See.* 2003. ISBN 0-9667843-0-8.

16. **Smalley, Art.** *Creating Level Pull.* 2004. ISBN 0-9743225-0-4.

17. **Andersen, Bjørn og Fagerhaug, Tom.** *Root Cause Analysis.* 2. 2006. ISBN 978-0-87389-692-4.

18. **Mann, David.** *Creating a Lean Culture.* 2. 2010. ISBN 978-1-4398-1141-2.

19. **Jones, Dan og Womack, Jim.** *Seeing the Whole, mapping the extended value stream.* 2003. ISBN 0-9667843-5-9.

20. **Keyte, Beau og Locher, Drew.** *The Complete Lean Enterprice, VSM for Administrative and Office Processes.* 2004. ISBN 1-56327-301-2.

21. **Sobek, Durward K. og Smalley, Art.** *Understanding A3 Thinking.* 2008. ISBN 978-1-56327-360-5.

22. **Shook, John.** *Managing to Learn.* 2008. ISBN 978-1-934109-20-5.

Stikkordregister

www.ingramcontent.com/pod-product-compliance
Lightning Source LLC
Chambersburg PA
CBHW051232200326
41519CB00025B/7350